DA PERDA DE MANDATO AUTÁRQUICO
DA DISSOLUÇÃO DE ÓRGÃO AUTÁRQUICO

Legislação, Notas Práticas e Jurisprudência

ERNESTO VAZ PEREIRA

DA PERDA DE MANDATO AUTÁRQUICO
DA DISSOLUÇÃO DE ÓRGÃO AUTÁRQUICO

Legislação, Notas Práticas e Jurisprudência

DA PERDA DE MANDATO AUTÁRQUICO
DA DISSOLUÇÃO DE ÓRGÃO AUTÁRQUICO
Legislação, Notas Práticas e Jurisprudência

AUTOR
ERNESTO VAZ PEREIRA

EDITOR
EDIÇÕES ALMEDINA, SA
Av. Fernão Magalhães, n.º 584, 5.º Andar
3000-174 Coimbra
Tel.: 239 851 904
Fax: 239 851 901
www.almedina.net
editora@almedina.net

PRÉ-IMPRESSÃO | IMPRESSÃO | ACABAMENTO
G.C. – GRÁFICA DE COIMBRA, LDA.
Palheira – Assafarge
3001-453 Coimbra
producao@graficadecoimbra.pt

Maio, 2009

DEPÓSITO LEGAL
294285/09

Os dados e as opiniões inseridos na presente publicação
são da exclusiva responsabilidade do(s) seu(s) autor(es).

Toda a reprodução desta obra, por fotocópia ou outro qualquer
processo, sem prévia autorização escrita do Editor, é ilícita
e passível de procedimento judicial contra o infractor.

Biblioteca Nacional de Portugal – Catalogação na Publicação

PEREIRA, Ernesto Vaz

Da perda de mandato autárquico, da
dissolução de órgão autárquico: legislação,
notas práticas e jurisprudência.
(Monografias)
ISBN 978-972-40-3891-9

CDU 342
       352

A meus pais,
que não me deixaram nada mas deram-me
o melhor que me podiam dar: asas para voar.

Ao Miguel e à Ema

O presente trabalho não é mais do que um conjunto de notas que, por dever de ofício, se foram coligindo ao longo dos anos de trabalho na área do direito administrativo, em exercício de funções como Procurador da República no TAF de Mirandela. Têm, por isso, necessariamente um cunho prático e destino para os práticos do direito e para aqueles, ainda que não juristas, que nas suas funções autárquicas acabam também por se debater com este tipo de questões. Nessa medida se justifica a linguagem acessível que se procurou utilizar. Porque fruto de um trabalho solitário, – a interioridade não é fardo exclusivo de outras áreas –, enfermará de eventuais deficiências. Por elas aqui fica desde já o nosso "mea culpa".

Mirandela, Março de 2009.

ABREVIATURAS

Ac.   – Acórdão
CC da PGR – Conselho Consultivo da Procuradoria Geral da República
CCJ   – Código das Custas Judiciais
CIM   – Comunidade Intermunicipal
CPA   – Código do Procedimento Administrativo
CPC   – Código do Processo Civil
CPP   – Código de Processo Penal
CPTA   – Código de Processo nos Tribunais Administrativos
CRP   – Constituição da República Portuguesa
DL   – Decreto-Lei
DR   – Diário da República
IGAL   – Inspecção-Geral da Administração Local
L.   – Lei
LPTA   – Lei de Processo nos Tribunais Administrativos
L.O.   – Lei Orgânica
M.° P.°   – Ministério Público
NUTS III   – Nomenclaturas das Unidades Territoriais Estatísticas de Nível III
PGR   – Procuradoria Geral da República
RM.° P.°   – Revista do Ministério Público
RC   – Relação de Coimbra
RE   – Relação de Évora
RL   – Relação de Lisboa
RP   – Relação do Porto
STA   – Supremo Tribunal Administrativo
STJ   – Supremo Tribunal de Justiça
SEAAL   – Secretário de Estado Adjunto e da Administração Local
TAF   – Tribunal Administrativo e Fiscal
TC   – Tribunal Constitucional
TCAN   – Tribunal Central Administrativo Norte
TCAS   – Tribunal Central Administrativo Sul

Lei n.º 27/96

de 1 de Agosto

Regime jurídico da tutela administrativa

A Assembleia da República decreta, nos termos dos artigos 164.º, alínea d), e 169.º, n.º 3, da Constituição, o seguinte:

Artigo 1.º
Âmbito

1 – A presente lei estabelece o regime jurídico da tutela administrativa a que ficam sujeitas as autarquias locais e entidades equiparadas, bem como o respectivo regime sancionatório.

2 – Para efeitos do presente diploma são consideradas entidades equiparadas a autarquias locais as áreas metropolitanas, as assembleias distritais e as associações de municípios de direito público.

1 – O regime jurídico da tutela administrativa é de mera legalidade, visando a "verificação do cumprimento das leis e regulamentos por parte dos órgãos e dos serviços das autarquias locais e entidades equiparadas", ut art. 2.º, na sequência do constitucionalmente definido no art. 242, n.º 1, da Constituição da República Portuguesa (doravante CRP).

2 – O "objecto" da tutela administrativa vem definido no art. 2.º.

3 – "As autarquias locais são pessoas colectivas territoriais dotadas de órgãos representativos, que visam a prossecução de interesses próprios das populações respectivas" (art. 235, n.º 2, da CRP). "No continente as autarquias locais são as freguesias, os municípios e as regiões administrativas", acrescenta o art. 236, n.º 1, da CRP. É a existência de autarquias locais dotadas de autonomia e de poderes próprios que consubstancia o chamado poder local.

É a L. 169/99, de 18/09, na redacção da L. 5-A/02, de 11/01, com as rectificações insertas nas Declarações de Rectificação com os n.ºs 4/02 e

9/02, que estabelece o quadro de competências, assim como o regime jurídico de funcionamento dos órgãos dos municípios e das freguesias. E é a L. 56/91, de 13/08, que estabelece a Lei quadro das regiões administrativas.

4 – São entidades equiparadas às autarquias locais as referidas no n.º 2: áreas metropolitanas, assembleias distritais e associações de municípios de direito público. Por isso, desnecessário era repetir, no art. 3.º da vigente L. 46/08, de 27/08, que "as áreas metropolitanas de Lisboa e Porto estão sujeitas ao regime de tutela administrativa prevista para as autarquias locais", (cfr art. 3.º n.º 2, da L. 10/03, já revogada), e insistir no art. 37 da L. 45/08, de 27/08, que às associações de municípios de fins específicos se aplica também o regime jurídico da tutela administrativa (cfr art. 28, n.º 2, da L. 11/03, já revogada). Por outro lado, já o art. 11 do DL 5/91 estabelecia que "as assembleias distritais ficam sujeitas à tutela administrativa prevista na L. 87/89, de 9 de Setembro, nos mesmos termos em que o são as autarquias locais".

5 – Antes da Constituição da República de 1976 vigente eram autarquias locais a freguesia, o concelho e o distrito. Na sua vigência, o distrito deixou de ser considerado autarquia, passando a mera circunscrição administrativa, esvaziada de poderes, e o concelho passou a designar-se município.

6 – Os institutos jurídicos da perda de mandato e da dissolução de órgão integram-se na tutela administrativa sancionatória prevista neste diploma. No artigo 7.º prevê-se a perda de mandato como sanção para prática de ilegalidades por membros de órgãos autárquicos e a dissolução de órgão como sanção para a prática de ilegalidade pelo próprio órgão.

O mandato é um mandato político. Mas "a relação de mandato político constituída através da eleição tem, quanto aos titulares dos órgãos das autarquias, um conteúdo de inteira independência. Na prossecução das finalidades da pessoa colectiva, apenas devem obediência aos imperativos legais, devendo proceder adequadamente à promoção dos interesses públicos que lhes são confiados" (cfr Parecer do CC da PGR n.º 79/03, "DR", II, de 14/05/04).

Por isso, os eleitos locais são titulares de cargos políticos que, tendo em conta a natureza e génese, electiva do seu mandato político, não podem ser considerados funcionários ou agentes da Administração.

7 – Os regimes jurídicos relativos às áreas metropolitanas, às assembleias distritais e às associações de municípios estão consagrados, respectivamente, na L. 46/08, de 27/08, no DL 5/91, de 08/01, e na L. 45/08, de 27/08.

As áreas metropolitanas são pessoas colectivas de direito público e constituem uma forma específica de associação dos municípios abrangidos pelas unidades territoriais definidas com base nas NUTS III da Grande Lisboa e da Península de Setúbal, e do Grande Porto e de Entre Douro e Vouga, respectivamente. (art. 2.°, n.° 1, da L. 46/08).

Das áreas metropolitanas são órgãos a assembleia metropolitana e a junta metropolitana (art. 5.°). O mandato dos membros das assembleias metropolitanas e das juntas metropolitanas coincidem com os que legalmente estiverem fixados para os órgãos das autarquias locais. E a perda, a cessação, a renúncia ou a suspensão de mandato no órgão municipal determina o mesmo efeito no mandato detido nos órgãos da área metropolitana. (art. 6.°, n.°s 1 e 2).

O art. 3.° da L. 46/08 expressamente determina que "as áreas metropolitanas de Lisboa e Porto estão sujeitas ao regime jurídico da tutela administrativa".

8 – A L. 45/08, de 27/08, estabelece o regime jurídico do associativismo municipal, revogando as Leis 10/03 e 11/03, ambas de 13/05. As associações de municípios podem ser de dois tipos: a) de fins múltiplos e b) de fins específicos. As primeiras denominam-se Comunidades Intermunicipais (CIM) que são pessoas colectivas de direito público constituídas por municípios que correspondam a uma ou mais unidades territoriais definidas com base nas Nomenclaturas das Unidades Territoriais Estatísticas de nível III, (NUTS IIII), e adoptam o nome destas.

São órgãos das CIM a assembleia intermunicipal e o conselho executivo.

Os mandatos dos membros da assembleia intermunicipal e do conselho executivo coincidem com os que legalmente estiverem fixados para os órgãos das autarquias locais. E a perda, a cessação, a renúncia ou a suspensão do mandato no órgão municipal determina o mesmo efeito no mandato detido nos órgãos da CIM (art. 8.°).

O funcionamento das CIM regula-se, em tudo o que não esteja previsto na l. 45/08, pelo regime jurídico aplicável aos órgãos municipais. (art. 9.°)

As associações de municípios de fins específicos são pessoas colectivas de direito privado criadas para a realização em comum de interesses específicos dos municípios que as integram, na defesa de interesses colectivos de natureza sectorial, regional ou local.

"As associações de municípios de fins específicos regem-se pelas disposições do direito privado e ainda pelas seguintes disposições:

(…)

d) Regime jurídico da tutela administrativa". (art. 37.º)

9 – Em mais um daqueles lapsos em que é fértil o nosso legislador a lei olvidou aqui como entidades equiparadas as associações de freguesias de direito público, pessoas colectivas de direito público, cujos órgãos são a assembleia interfreguesias e o conselho de administração. Mas veio depois o respectivo regime jurídico dado a lume na L. 175/99, de 21/09, art. 16, sob a epígrafe "tutela", estabelecer que "a associação de freguesias está sujeita à tutela administrativa, nos mesmos termos que as autarquias locais".

10 – Estabelece o art. 291 da CRP que 1."Enquanto as regiões administrativas não estiverem concretamente instituídas, subsistirá a divisão distrital no espaço por elas não abrangido. 2. Haverá em cada distrito, em termos a definir por lei, uma assembleia deliberativa, composta por representantes dos municípios. 3. Compete ao governador civil, assistido por um conselho, representar o Governo e exercer os poderes de tutela na área do distrito". O regime jurídico das assembleias distritais está fixado no DL 5/91, de 05/01.

O art. 4-C do DL 252/92, de 19/11, aditado pelo DL 213/01, de 02/08, fixa as competências do governador civil no exercício de poderes de tutela: "Compete ao governador civil no distrito e no exercício de poderes de tutela do Governo: a) Dar conhecimento às instâncias competentes das situações de incumprimento da lei, dos regulamentos e dos actos administrativos por parte dos órgãos autárquicos; b) Acompanhar junto dos serviços desconcentrados de âmbito distrital o andamento de processos ou o tratamento de questões suscitadas no distrito ou com interesse para o mesmo, devendo dar conhecimento ao Governo nos termos da alínea c) do n.º 1 do artigo 4.º-A".

11 – Na análise e na interpretação desta e das subsequentes normas nunca se pode perder de vista a constituição do poder local, em sentido material, isto é, as normas constitucionais enformadoras dos princípios do poder local e da organização do mesmo, uma vez que são tais normas que balizam, limitam, e orientam o direito ordinário do poder local. O "Poder Local" constitui o Titulo VIII, da Parte III da CRP.

12 – A CRP admite a destituição do cargo ou a perda de mandato, como sanção aplicável aos titulares de cargos políticos, no seu art. 117, n.º 3.

Artigo 2.º
Objecto

A tutela administrativa consiste na verificação do cumprimento das leis e regulamentos por parte dos órgãos e dos serviços das autarquias locais e entidades equiparadas.

1 – É o art. 242 da CRP que estabelece as normas fundamentais da tutela administrativa. No n.º 1 se define o objecto da tutela administrativa sobre as autarquias locais, como a "verificação do cumprimento da lei por parte dos órgãos autárquicos" e consagra-se o principio da tipicidade legal das medidas de tutela, ao aditar-se que "é exercida nos casos e segundo as formas previstas na lei". No n.º 2 impõe-se, em homenagem ao princípio da autonomia do poder local, que "as medidas tutelares restritivas da autonomia local são precedidas de parecer de um órgão autárquico, nos termos a definir por lei". E no n.º 3 restringe-se as causas de dissolução de órgãos autárquicos a "acções ou omissões ilegais graves".

Artigo 3.º
Conteúdo

1 – A tutela administrativa exerce-se através da realização de inspecções, inquéritos e sindicâncias.
2 – No âmbito deste diploma:
a) A inspecção consiste na verificação da conformidade dos actos e contratos dos órgãos e serviços com a lei;
b) O inquérito consiste na verificação da legalidade dos actos e contratos concretos dos órgãos e serviços resultante de fundada denúncia apresentada por quaisquer pessoas singulares ou colectivas ou de inspecção;
c) A sindicância consiste numa indagação aos serviços quando existam sérios indícios de ilegalidades de actos de órgãos e serviços que, pelo seu volume e gravidade, não devam ser averiguados no âmbito de inquérito.

1 – A tutela administrativa inspectiva exerce-se através de auditorias, inspecções, inquéritos, sindicâncias e averiguações (art. 8.º do DL 276/07).

A inspecção tem um carácter genérico, abrangendo a fiscalização da legalidade de todos os actos e contratos durante um determinado período de tempo e relativamente a uma dada autarquia. Pode assumir natureza ordinária ou extraordinária (art. 8.° do DL 276/07). O inquérito dirige-se à verificação da legalidade de acto(s) e contrato(s) concretamente identificados, portanto, com área material de incidência menor que a inspecção. A inspecção é realizada, em regra, com carácter periódico, o inquérito só é efectivado se tiver havido fundada denúncia apresentada por quaisquer pessoas singulares ou colectivas ou de inspecção. Anote-se, contudo, que a circunstância de se falar em "fundada denúncia apresentada por quaisquer pessoas singulares ou colectivas ou de inspecção", não obsta à instauração de inquérito a circunstância de a denúncia vir acobertada sob o arcano do anonimato. Mister é que da sua análise se conclua ser fundada e verosímil.

"Mutatis mutandis", passou a dispor o art. 246, n.° 5 do CPP, após a sua revisão pela L. 48/07, de 29/08, que "a denúncia anónima só pode determinar a abertura de inquérito se a) Dela se retirarem indícios da prática de crime; ou b) Constituir crime." Acrescenta-se no n.° 7 que "quando a denúncia anónima não determinar a abertura de inquérito, a autoridade judiciária competente promove a sua destruição". Deve entender-se esta norma como princípio geral aplicável a todo o direito sancionatório ou, "in minime", como subsidiariamente aplicável a todo esse direito.

A sindicância, como se extrai da sua definição, é um inquérito com largo grau de abrangência, isto é, a vários actos, com tal volume e gravidade que um mero inquérito lhes não conseguiria dar resposta.

2 – As inspecções inquérito e sindicâncias são da responsabilidade da Inspecção-Geral da Administração Local, (IGAL)[1] serviço central da administração directa do Estado, dotado de autonomia administrativa, que exerce a tutela sobre as autarquias locais prevista no artigo 242 da CRP em todo o território nacional, à excepção das Regiões Autónomas, e tem "por missão assegurar, no âmbito das competências legalmente cometidas ao Governo, o exercício da tutela administrativa e financeira a que se encontram constitucionalmente sujeitas as autarquias locais e o sector empresarial local". (arts 1.°, 2.° e 3.° do DL 326-A/07, de 28/09 que aprova a orgânica da IGAL).

---

[1] Ex-IGAT, Inspecção-Geral da Administração do Território, criada pelo DL 130/86, de 07/06.

Da Perda de Mandato Autárquico 17

3 – As inspecções são realizadas regularmente através dos serviços competentes, isto é, da IGAL, de acordo como um plano anual de actividades superiormente aprovado, como resulta do artigo 6, n.º 3, al. a).

4 – Na execução da actividade inspectiva há-de a IGAL obedecer ao regime jurídico comum da actividade de inspecção, auditoria e fiscalização aprovado pelo DL 276/07, de 31/07 (cfr art. 3.º, n.º 1, al. c)).

Este diploma consagra no art. 4.º os deveres de informação e de cooperação para as entidades inspeccionadas, "serviços da administração directa, indirecta e autónoma do Estado, bem como as pessoas singulares e colectivas de direito público e privado objecto de acção inspectiva". Tais deveres obrigam ao fornecimento dos elementos de informação necessários ao desenvolvimento da actividade de inspecção, nos moldes, suportes e com a periodicidade e urgência requeridos. Subjectivando, os deveres impõem-se aos dirigentes e trabalhadores das entidades inspeccionadas. A violação desses deveres para com os serviços de inspecção faz incorrer o infractor em responsabilidade disciplinar e criminal, nos termos da legislação aplicável. E no art. 5.º, n.º 1, reforça-se que "as pessoas colectivas públicas devem prestar aos serviços de inspecção toda a colaboração por estes solicitada" (cfr também art. 16).

5 – De outra banda, "no exercício das suas funções, os dirigentes dos serviços de inspecção e o pessoal de inspecção deve pautar a sua conduta pela adequação dos seus procedimentos aos objectivos da acção" (art. 11), "devem conduzir as suas intervenções com observância do princípio do contraditório, salvo nos casos previstos na lei" (art. 12.º, n.º 1), e "devem fornecer às entidades objecto da sua intervenção as informações e outros esclarecimentos de interesse justificado que lhe sejam solicitados, sem prejuízo das regras aplicáveis aos deveres de sigilo" (art. 12.º, n.º 2).

6 – Quanto à convocação, notificação e requisição de testemunhas e declarantes para deporem em acções inspectivas, v. art. 13.º do DL 276/07.

7 – Vão transcritos a final os DL's 326-A/07, de 28/09 e 276/2007, de 31/07.

8 – O M.º P.º não tem poderes de natureza inspectiva sobre as autarquias e os serviços da Administração Local que lhe permitam desencadear inspecções, sindicâncias, auditorias ou inquéritos sobre esses serviços. O que o obrigará a, em criterioso despacho, remeter à IGAL as participações que lhe forem apresentadas que demandem o exercício de tais poderes de natureza inspectiva. Fora disso, nada impede que o M.º P.º oficiosamente recolha os elementos necessários à propositura da acção.

9 – Qualquer particular pode solicitar a intervenção da IGAL. Aliás, como resulta do respectivo preâmbulo, uma das razões para a alteração da orgânica da IGAL, foi "o aumento das solicitações de intervenção formuladas por particulares, que tem tendência para se acentuar, designadamente decorrentes do crescente uso de novas tecnologias da informação, como a já implementada "queixa electrónica". Depois cabe à IGAL "analisar as queixas, denúncias, participações e exposições respeitantes à actividade desenvolvida pelas entidades tuteladas, propondo, quando necessário, a adopção das medidas tutelares adequadas".

É também a IGAL que centraliza, via participação das direcções regionais de agricultura, todas as situações em que se verifique haver violação do regime da reserva agrícola nacional, nos termos do art. 37 do DL 196/89, de 14/06.

10 – Com interesse meramente histórico, v. parecer da PGR de 22/02/90, Padrão Gonçalves. RM.º P.º 102 – 86.

11 – O art. 8 da L. 24/98, de 26/05, concede aos partidos políticos e aos grupos de cidadãos eleitores da oposição o "direito de depor" em inquéritos, inspecções e sindicâncias. Bastará, pois, a manifestação de vontade de pertinentemente depor para que a IGAL assuma o dever de os ouvir.

12 – O Despacho n.º 18845/2007, subscrito pelo SEAAL, in "DR", II, de 23/08/07, determina que "o relatório, contraditório, pareceres jurídicos e final e despacho tutelar dos processos de inspecção, inquérito ou sindicância realizados pela IGAT[2] devem ser disponibilizados ao público em geral no seu sítio na Internet. A disponibilização referida no ponto anterior não se aplica a factos susceptíveis de constituir a prática de crime, enquanto se mantiver, nos termos da lei, o segredo de justiça".

13 – A L. 24/98, de 26/05, "Estatuto do Direito de Oposição", vai transcrita a final.

14 – A IGAL é obrigada também a remeter ao Conselho de Prevenção da Corrupção os relatórios que reportem factos relativos a crimes de corrupção ou "aparentados" ou deficiências de organização dos serviços auditados susceptíveis de comportar risco da sua ocorrência". (arts 9.º, n.º 4, e 2.º, n.º 1, al. a), da L. 54/08).

---

[2] Em leitura actualística, agora IGAL.

Da Perda de Mandato Autárquico 19

Por sua vez tal Conselho deve participar ao M.° P.° junto dos tribunais administrativos os factos susceptíveis de integrarem causas de dissolução de órgão autárquico ou de perda de mandato de eleitos locais de que tenha conhecimento (cfr art. 8.°, n.° 1, da L. 54/08).

15 – Ao lado da IGAL actua também no campo inspectivo a Inspecção-Geral do Ambiente e do Ordenamento do Território, com competência material distinta e adstrita ao Ministério do Ambiente, que tem por missão o acompanhamento e avaliação do cumprimento da legalidade na área do ordenamento do território (v. art. 11 do DL 207/06, de 27/10).

ARTIGO 4.°
Deveres de informação e cooperação

Os órgãos e serviços objecto de acções de tutela administrativa encontram-se vinculados aos deveres de informação e cooperação.

1 – De notar que o incumprimento destes deveres constitui ilegalidade susceptível de fazer incorrer os órgãos em dissolução, prevista no art. 9, al. b), e os seus membros em perda de mandato, nos termos do art. 8, n.° 1, al. d), com referência ao citado art. 9, al. b).

O DL 276/07, como vimos supra, impõe deveres de informação e cooperação às entidades inspeccionadas, cominando o incumprimento desses deveres com "responsabilidade disciplinar e criminal, nos termos da legislação aplicável".

2 – A L. 34/87, de 16/07, (crimes de responsabilidade dos titulares de cargos políticos), no seu art. 25, sob a epígrafe "recusa de cooperação", pune em termos penais a recusa de cooperação dos titulares de cargos políticos, nos quais se integra o membro de órgão representativo de autarquia local, nos termos do seu art. 3, al. i). Transcreve-se: "O titular de cargo politico que, tendo recebido requisição legal da autoridade competente para prestar cooperação, possível em razão do seu cargo, para a administração da justiça ou qualquer serviço público, se recusar a prestá-la ou sem motivo legítimo a não prestar, será punido com prisão de três meses a um ano ou multa de 50 a 100 dias".

3 – A L. 34/87 vai transcrita a final.

4 – Não passe despercebido que o art. 9.° da L. 54/08, de 04/09, que cria o Conselho de Prevenção da Corrupção, impõe um dever de cola-

boração com o dito Conselho às entidades públicas, organismos, serviços e agentes da administração central, regional e local, "facultando-lhe, oralmente ou por escrito, as informações que lhes forem solicitadas, no domínio das suas atribuições e competências". E acrescenta que "o incumprimento injustificado deste dever de colaboração deverá ser comunicado aos órgãos da respectiva tutela para efeitos sancionatórios, disciplinares ou gestionários".

ARTIGO 5.º
Titularidade dos poderes de tutela

A tutela administrativa compete ao Governo, sendo assegurada, de forma articulada, pelos Ministros das Finanças e do Equipamento, do Planeamento e da Administração do Território, no âmbito das respectivas competências.

1 – Para tanto, nos termos do art. 4-C, "competências no exercício de poderes de tutela", do Estatuto dos Governadores Civis, aprovado pela DL 252/92, de 19/11, com as alterações dos DL 316/95, de 28/11, e 213/01, de 02/08, compete ao governador civil "dar conhecimento às instâncias competentes das situações de incumprimento da lei e regulamentos e dos actos administrativos por parte dos órgãos autárquicos". E, além disso, sempre qualquer cidadão pode apresentar exposições á IGAL, directamente aos Ministérios ou ao M.º P.º, e a oposição, no âmbito dos poderes e direitos conferidos pelo respectivo Estatuto, pode sinalizar situações susceptíveis de integrarem a prática de ilegalidades.

ARTIGO 6.º
Realização de acções inspectivas

1 – As inspecções são realizadas regularmente através dos serviços competentes, de acordo com o plano anual superiormente aprovado.
2 – Os inquéritos e as sindicâncias são determinados pelo competente membro do Governo, sempre que se verifiquem os pressupostos da sua realização.
3 – Os relatórios das acções inspectivas são apresentados para despacho do competente membro do Governo, que, se for caso disso,

os remeterá para o representante do Ministério Público legalmente competente.

4 – Estando em causa situações susceptíveis de fundamentar a dissolução de órgãos autárquicos ou de entidades equiparadas, ou a perda de mandato dos seus titulares, o membro do Governo deve determinar, previamente, a notificação dos visados para, no prazo de 30 dias, apresentarem, por escrito, as alegações tidas por convenientes, juntando os documentos que considerem relevantes.

5 – Sem prejuízo do disposto no número anterior, sempre que esteja em causa a dissolução de um órgão executivo, deve também ser solicitado parecer ao respectivo órgão deliberativo, que o deverá emitir por escrito no prazo de 30 dias.

6 – Apresentadas as alegações ou emitido o parecer a que aludem, respectivamente, os n.°s 4 e 5, ou decorrido o prazo para tais efeitos, deverá o membro do Governo competente, no prazo máximo de 60 dias, dar cumprimento, se for caso disso, ao disposto no n.° 3.

1 – A comunicação pela IGAL das situações susceptíveis de gerar perda de mandato e de declaração de nulidade de actos administrativos não deixa de ter na base uma decisão política porque apesar de a IGAL ser um organismo de inspecção com carácter técnico, o que é certo é que as decisões de comunicação ao M.° P.° são submetidas a um "nihil obstat" político do Ministro ou Secretário de Estado que a tutela (cfr despacho supra citado). Rejeitamos, contudo, uma visão de exercício pervertido da tutela administrativa. Sem embargo, no domínio das Leis 87/89, de 09/09 e 64/87, de 06/02, escrevia o historiador César Oliveira, in "História dos Municípios e do Poder Local (dos Finais da Idade Média à União Europeia)", Círculo de Leitores, 1996,: "Por outro lado as instruções e o exercício da tutela poderão, eventualmente, constituir-se como um "método" que pode ser utilizado politicamente de modo ao aproveitamento de irregularidades administrativas e formais para provocar a dissolução dos órgãos autárquicos ou a perda de mandatos". A judicialização do processo e as sobrevindas regras de trabalho da inspecção obstarão, cremos, a eventual perversão no exercício da tutela.

2 – Oficiosamente o M.° P.° deve informar da evolução dos processos instaurados a partir de sinalização da IGAL esta mesma entidade. E, a final, deve dar-lhe conhecimento da respectiva decisão.

3 – O art. 6, n.º 4, não é mais do que a consagração do princípio do contraditório no procedimento de tutela administrativa. Mas mais, o n.º 5 impõe também a audição do órgão deliberativo de que depende o órgão executivo dissolvendo.

ARTIGO 7.º

Sanções

A prática, por acção ou omissão, de ilegalidades no âmbito da gestão das autarquias locais ou no da gestão de entidades equiparadas pode determinar, nos termos previstos na presente lei, a perda do respectivo mandato, se tiverem sido praticadas individualmente por membros de órgãos, ou a dissolução do órgão, se forem o resultado da acção ou omissão deste.

1 – A perda de mandato é sanção para o membro, a dissolução é sanção para o órgão. Estas sanções são aplicadas por decisão judicial através do processo próprio previsto neste diploma e a que subsidiariamente se aplicam, primeiro, as disposições da impugnação urgente do contencioso eleitoral, arts 97 a 99 do CPTA, e, depois, as da acção administrativa especial.

2 – "Apurado que um vereador de uma câmara municipal, no mandato de 1990 – 1993, interveio em diversas deliberações relativas a concursos em que eram interessados dois seus irmãos, há lugar à aplicação da sanção de perda de mandato, e não da de dissolução do órgão autárquico, porque as ilegalidades detectadas – embora inseridas em actos não individualmente decididos pelo autarca em causa – deriva de situações que exclusivamente a ele dizem respeito (arts 8 e 9, n.º 2, al. b), da L. 87/89, de 09/09). (ac. STA de 09/08/95, rec. 38288, Mário Torres)

3 – Tratando-se de direito sancionatório despiciendo se torna referir que valerão aqui também os princípios gerais do direito sancionatório, nomeadamente o princípio da culpa. A exigência de culpa faz parte também dos pressupostos de perda de mandato no caso de falta de apresentação da declaração periódica de rendimentos ao Tribunal Constitucional.

E aconselhará também o M.º P.º, antes de propor a acção, no exercício do contraditório, a ouvir o autarca ou o órgão. Regra de boa prática processual cujo incumprimento não terá qualquer consequência.

Da Perda de Mandato Autárquico 23

4 – A perda de mandato distingue-se da renúncia ao mandato e da suspensão do mandato. A primeira tem natureza sancionatória as segundas têm carácter voluntário. A renúncia configura-se como um direito, conatural ao direito de ser eleito, e que, em declaração unilateral de vontade, é exercitável a todo tempo, antes ou depois da instalação do órgão, em escrito, dirigido a quem compete a instalação ou ao presidente do órgão, consoante o caso, nos termos do art. 76, n.º 1 e 2, da L. 169/99. A suspensão é uma faculdade exercitável também a todo o tempo, mas que tem de obedecer a várias exigências legais, como resulta do art. 77 da citada Lei. A renúncia, como a perda de mandato, tem carácter de afastamento definitivo do exercício do cargo, a suspensão representa um afastamento temporário (para maiores desenvolvimentos destas categorias legais e suas consequências na composição dos órgãos, v. ac. do STA de 05/03/09, rec. 865/08).

5 – "A dissolução não atinge o órgão em si, na sua existência constitucional ou legal, uma vez que se lhe segue obrigatoriamente, dentro de um prazo máximo que em geral é fixado pela Constituição ou pela lei, o processo previsto para a reconstituição do órgão em questão. Trata-se, pois, dum mecanismo institucional destinado a permitir a antecipada recomposição de um órgão colegial de base electiva ou a antecipada substituição dos respectivos membros". (STA de 18/03/09, rec. 4840/09)

Artigo 8.º
Perda de mandato

1 – Incorrem em perda de mandato os membros dos órgãos autárquicos ou das entidades equiparadas que:

a) Sem motivo justificativo, não compareçam a 3 sessões ou 6 reuniões seguidas ou a 6 sessões ou 12 reuniões interpoladas;

b) Após a eleição, sejam colocados em situação que os torne inelegíveis ou relativamente aos quais se tornem conhecidos elementos reveladores de uma situação de inelegibilidade já existente, e ainda subsistente, mas não detectada previamente à eleição;

c) Após a eleição se inscrevam em partido diverso daquele pelo qual foram apresentados a sufrágio eleitoral;

d) Pratiquem ou sejam individualmente responsáveis pela prática dos actos previstos no artigo seguinte.

2 – Incorrem, igualmente, em perda de mandato os membros dos órgãos autárquicos que, no exercício das suas funções, ou por causa delas, intervenham em procedimento administrativo, acto ou contrato de direito público ou privado relativamente ao qual se verifique impedimento legal, visando a obtenção de vantagem patrimonial para si ou para outrem.

3 – Constitui ainda causa de perda de mandato a verificação, em momento posterior ao da eleição, de prática, por acção ou omissão, em mandato imediatamente anterior, dos factos referidos na alínea d) do n.º 1 e no n.º 2 do presente artigo.

1 – A declaração de perda de mandato é compaginável com o direito de acesso a cargos públicos estabelecido constitucionalmente no art. 50, n.º 1, da Lei Fundamental. Desde logo a CRP limita tal direito com a previsão de "inelegibilidades necessárias para garantir a liberdade de escolha dos eleitores e a isenção e independência de exercício dos respectivos cargos". Ora, também o sancionamento com a perda de mandato dos comportamentos legalmente tipificados tem por fim assegurar que não permaneça no cargo quem se mostrou indigno de exercer tais funções por ter violado os deveres de isenção e independência, honestidade e imparcialidade e justiça, que lhes são inerentes.

2 – A al. a) do n.º 1 é a contrapartida no domínio sancionatório do dever de comparências às reuniões dos eleitos locais, na decorrência de um dever mais lato de exercício efectivo dos cargos. Nos termos do art. 4.º, al. c), i), do Estatuto dos Eleitos Locais aprovado pela L. 29/87, de 30/06, e republicado pela L. 52-A/05, de 10/10, os eleitos locais têm em matéria de funcionamento dos órgãos de que sejam titulares, o dever de "participar nas reuniões ordinárias e extraordinárias dos órgãos autárquicos". Destarte, o absentismo sem justificação é ilícito. E se sanciona com a perda de mandato o reiterado incumprimento desse dever (V. ac. do STA de 26/10/99, rec. 45415, Pires Esteves).

3 – Para se poder accionar este mecanismo de perda de mandato mister é que, antes de mais, as convocatórias dos membros tenham sido efectuadas nos termos legais. Assim, há que ter em conta as disposições legais que regem as convocatórias dos membros dos órgãos estabelecidas na L. 169/99. Concretizando: (1) as sessões ordinárias da assembleia de freguesia são convocadas por edital *e* por carta com aviso de recepção *ou* através de protocolo com uma antecedência mínima de oito dias seguidos. Por-

Da Perda de Mandato Autárquico 25

tanto, o edital é sempre afixado acrescendo-lhe a carta registada com aviso de recepção *ou* o protocolo (art. 13, n.º 1, da L. 169/99); (2) as sessões extraordinárias da assembleia de freguesia são convocadas nos mesmos termos, mas bastando uma antecedência de cinco dias seguidos (art. 14, n.º 2, da L. 169/99); (3) Para as sessões ordinárias a junta de freguesia pode estabelecer dia e hora certos, a publicitar por editais, o que dispensa outras formas de convocação. Na falta dessa deliberação, compete ao presidente da junta fixar o dia e hora certos das reuniões ordinárias e publicitar a decisão por editais. Também aqui a publicação de editais dispensa outras formas de convocação. Mas quaisquer alterações ao dia e hora marcados pelo presidente da junta têm de ser comunicadas aos vogais com três dias seguidos de antecedência e por carta com aviso de recepção ou através de protocolo (arts 30 e 31 da L. 169/99); (4) As reuniões extraordinárias da junta de freguesia são convocadas com, pelo menos, cinco dias seguidos de antecedência, sendo comunicadas a todos os membros por edital *e* por carta com aviso de recepção *ou* através de protocolo (art. 32, n.º 2, da L. 169/99); (5) As sessões ordinárias da assembleia municipal são convocadas por edital *e* por carta com aviso de recepção, *ou* através de protocolo com, pelo menos, oito dias seguidos de antecedência (art. 49, n.º 1, da L. 169/99); (6) As sessões extraordinárias da assembleia municipal são convocadas por edital *e* por carta com aviso de recepção *ou* através de protocolo com a antecedência mínima de cinco dias seguidos (art. 50, n.º 2, da L. 169/99); (7) Para as reuniões ordinárias da Câmara Municipal podem ser estabelecidos dia e hora certos, por deliberação da Câmara ou, na sua falta, por decisão do respectivo presidente, devendo neste caso serem publicados editais, o que dispensa outras formas de convocação. Mas quaisquer alterações ao dia e hora marcados para as reuniões devem ser comunicadas a todos os membros do órgão, com três dias seguidos de antecedência, por carta com aviso de recepção *ou* através de protocolo; ((8) As reuniões extraordinárias da Câmara Municipal são convocadas com, pelo menos, dois dias úteis[3] de antecedência, sendo comunicadas a todos os membros por edital *e* através de protocolo.

---

[3] Atente-se na singularidade do termo "úteis". "A contrario sensu", nos outros casos os dias de antecedência são contados de seguida. Como expressamente o art. 99-A da L. 169/99 o refere.

Depois não pode deixar de constar na acta da reunião a falta do membro ausente. E, se, entretanto, outros desenvolvimentos procedimentais não tiverem tido lugar, na acta da reunião seguinte deve inscrever-se a ausência de justificação daquela falta e considerá-la, ou não, injustificada[4]. Completos que se mostrem os números de faltas referidos na al. a) do inciso anotando, e não antes, devem tal faltas ser comunicadas ao M.° P.° para que, se preenchidos os respectivos pressupostos legais, se proponha acção de perda de mandato.

O "protocolo" não é mais do que uma forma de notificação através de livro próprio para o efeito. Inscreve-se nele o registo temporal e local da notificação, o fim que visa e a prova de que foi feita por meio de aposição da assinatura do notificado.

4 – É ao presidente da mesa de assembleia de freguesia que compete participar ao M.° P.° junto do Tribunal Administrativo que exerce jurisdição territorial sobre a área as faltas injustificadas dos membros da assembleia e da junta (art. 19, al. h), da L. 169/99). Já ao presidente da assembleia municipal cabe comunicar à mesma entidade as faltas injustificadas dos membros da assembleia. Por sua vez, o presidente da câmara tem o encargo de comunicar as faltas injustificadas dadas pelos membros da câmara (cfr ac. do STA de 06/02/01, rec. 47037, Diogo Fernandes).

A obrigação de comunicação das faltas que impende sobre estas entidades só deve ser exercida quando se verificarem os pressupostos de susceptibilidade de perda de mandato. Exactamente, porque tal comunicação visa que o M.° P.° possa accionar o mecanismo processual de perda de mandato.

Reiterando-se que, à semelhança do que acontece com qualquer mecanismo sancionatório, e estamos a lembrar-nos, v. g., das sanções aplicadas a testemunhas faltosas em processo judicial ou a incumprimento de ordem de autoridade susceptível de integrar ilícito penal, a montante há-de estar necessariamente a regularidade formal da notificação.

5 – "Bastando para a perda de mandato a verificação de um conjunto de faltas, a justificação dessas faltas constituiria um elemento impeditivo do direito invocado competindo a sua prova "àquele contra quem a invo-

---

[4] O membro do órgão pode interpor "recurso" da marcação de falta injustificada (cfr arts 17, n.° 1, al. d), e 53, n.° 1, al. p, da L. 169/99, por exemplo).

cação é feita" (art 242, n.º 2, do C. Civil)." Ac. do STA de 29/05/03, rec. 993/03, Rui Botelho).

6 – O Estatuto dos Eleitos Locais, aprovado pela L. 29/87, de 30/06, e republicado pela L. 52-A/05, de 10/10, vai transcrito a final.

7 – As inelegibilidades constam dos arts 6 e 7 da L. O. 01/01 de 14/08. Podem ser gerais, se a inelegibilidade abrange toda e qualquer autarquia, ou especiais, se a inelegibilidade só impede a capacidade eleitoral passiva em certas autarquias, "rectius", àquelas com que se tem uma especial ligação. Se é geral a capacidade eleitoral passiva mostra-se absolutamente coarctada. Se é especial a inelegibilidade só se verifica em âmbito territorialmente reduzido, isto é, para os órgãos das autarquias locais onde se exercem funções ou jurisdição.

As inelegibilidades gerais (art. 6.º) abrangem o Presidente da República; o Provedor de Justiça; os juízes do Tribunal Constitucional e do Tribunal de Contas; o Procurador-Geral da República; os magistrados judiciais e do Ministério Público; os membros do Conselho Superior da Magistratura, do Conselho Superior do Ministério Público, da Comissão Nacional de Eleições e da Alta Autoridade para a Comunicação Social; os militares e os agentes das forças militarizadas dos quadros permanentes, em serviço efectivo, bem como os agentes dos serviços e forças de segurança, enquanto prestarem serviço activo; o inspector-geral e os subinspectores-gerais de Finanças, o inspector-geral e os subinspectores-gerais da Administração do Território e o director-geral e os subdirectores-gerais do Tribunal de Contas; o secretário da Comissão Nacional de Eleições; o director-geral e os subdirectores-gerais do Secretariado Técnico dos Assuntos para o Processo Eleitoral; o director-geral dos Impostos; os falidos e insolventes, salvo se reabilitados; os cidadãos eleitores estrangeiros que, em consequência de decisão de acordo com a lei do seu Estado de origem, tenham sido privados do direito de sufrágio activo ou passivo.

O art. 7 ao elencar as inelegibilidades especiais considera inelegíveis para os órgãos das autarquias locais dos círculos eleitorais onde exercem funções ou jurisdição: os directores de finanças e chefes de repartição de finanças; os secretários de justiça; os ministros de qualquer religião ou culto; os funcionários dos órgãos das autarquias locais ou dos entes por estas constituídos ou em que detenham posição maioritária que exerçam funções de direcção, salvo no caso de suspensão obrigatória de funções desde a data de entrega da lista de candidatura em que se integrem; e acrescenta que não são também elegíveis para os órgãos das autarquias locais em causa os concessionários ou peticionários de concessão de serviços da autarquia respectiva; os devedores em mora da autarquia local em causa e os respectivos fiadores; os membros dos corpos sociais e os gerentes de sociedades, bem como os proprietários de empresas que tenham contrato com a autarquia não integralmente cumprido ou de execução continuada. Por último, proíbe que um cidadão se candidate simultaneamente a órgãos representativos de autarquias locais territorialmente integradas em municípios diferentes; e proíbe também que um cidadão se candidate a mais de uma assembleia de freguesia do mesmo município.

8 – As normas que estabelecem casos de inelegibilidade contêm enumerações taxativas e não meramente exemplificativas. (Acs. do TC 511/01, DR, II, de 19/12/02, e 515/01, DR, II, de 20/12/01)

Em matéria de inelegibilidades não é lícito ao intérprete proceder a interpretações extensivas ou aplicações analógicas que se configurariam como restrições de um direito político, ut art. 50 da CRP.

9 – "Não são elegíveis para os órgãos das autarquias locais dos círculos eleitorais onde exercem funções ou jurisdição, entre outros, os funcionários dos órgãos das autarquias locais ou dos entes por estas constituídos ou em que detenham posição maioritária que exerçam funções de direcção, salvo no caso de suspensão obrigatória de funções desde a data de entrega da lista de candidatura em que se integrem – cfr art. 7, n.º 1, al. d), da L. O. 01/01, de 14/08.

Incorrem em perda de mandato os membros dos órgãos autárquicos ou das entidades equiparadas que, designadamente, após a eleição, sejam colocados em situação que os torne inelegíveis ou relativamente aos quais se tornem conhecidos elementos reveladores de uma situação de inelegibilidade já existente, e ainda subsistente, mas não detectada previamente à eleição – cfr art 8, n.º 1, al. b), da L. 27/96, de 01/08.

Para efeitos do disposto no art. 7, n.º 1, al. d), da LO n.º 01/01, constitui pressuposto de inelegibilidade o exercício efectivo de funções de direcção por parte de funcionários dos órgãos das autarquias locais ou dos entes por estas constituídos ou em que detenham posição maioritária" (ac. do TCAN de 01/09/08, rec. 403/07, Paulo Escudeiro).

A lei não se basta assim com a mera titularidade das funções de direcção, exigindo o exercício efectivo de funções de direcção (ac. do TC n.º 511/01, rec. 723/01 e Pareceres do CC da PGR n.ºs 19/87, in DR, II, de 18/04/88 e 112/02, DR, II, de 11/11/03). Funções de direcção são as de "superintender, coordenar ou chefiar – ainda que a título vicariante – a actividade de um ou mais sectores, serviços ou departamentos, na directa dependência dos órgãos de administração e gestão". A inelegibilidade abrange aqueles quadros da empresa que desempenhem tais funções de direcção no âmbito de uma relação laboral, com subordinação jurídica, portanto, aos órgãos da sociedade, mas não já os próprios titulares dos órgãos de administração ou gestão.

10 – De acordo com o art. 3.º da L. 29/87, de 30/06, na redacção da L. 52-A/05, de 10/10, "não perdem o mandato os funcionários da administração central, regional e local que, durante o exercício de permanência, forem colocados, por motivos de admissão ou promoção, nas situações de inelegibilidade previstas na alínea h) do n.º 1 do artigo 6.º e nas alíneas a) e b) do .º 1 do artigo 7.º da Lei Orgânica n.º 1/2001, de 14 de Agosto".

11 – O tribunal de 1ª instância declarou a perda de mandato de um presidente da junta de freguesia, membro da assembleia municipal por inerência, na consideração de que era sócio gerente de uma sociedade que mantinha em execução contratos de prestação de serviços celebrados com a câmara municipal pelo que se verificava a situação de inelegibilidade prevista no art. 7, n.º 2, al. c) da l. 1/01, de 14/08, conducente à perda do seu mandato, nos termos do art. 8, n.º 1, al. b), da L. 27/96. O TCAS revogou a perda de mandato em ac. de 16/10/08, rec. 4185/08, Fonseca da Paz, de que fica a súmula: "uma inelegibilidade traduz-se sempre numa restrição ao direito do cidadão participar na vida política e de aceder aos cargos públicos, direitos fundamentais que, nos termos do art. 18, n.º 2, da CRP, só podem ser restringidos na medida do necessário à salvaguarda de outros direitos ou interesses constitucionalmente protegidos. A inelegibilidade prevista na al. c) do n.º 2 do art. 7 da L. 1/01, só ocorre quando, no caso concreto, existe o perigo de atentar contra as garantias de isenção e imparcialidade por o titular do cargo autárquico (membro da assembleia municipal) poder, de alguma forma, determinar ou influenciar qualquer decisão da parte contratante (câmara municipal) com repercussão no contrato em execução. Resultando da análise das competência da assembleia municipal, enumeradas taxativamente no art. 53 da L. 169/99, de 18/9, que este órgão não tem possibilidade de tomar deliberações susceptíveis de influenciarem as relações contratuais em questão (entre firma de que o presidente da junta é sócio gerente e a câmara municipal), deve-se concluir que não se verifica a referida inelegibilidade".

Atente-se em que se declara a perda do mandato de presidente da junta que arrasta a perda do lugar por inerência na assembleia municipal.

Mas, como defendemos mais à frente, não pode o tribunal declarar a perda do lugar por inerência de um presidente da junta na assembleia municipal. A tanto se opõe o disposto no art. 38, n.° 1, al. b), da L. 169/99.

12 – A L. 46/05, de 29/08, consagrou limites à renovação de mandatos dos presidentes dos órgãos executivos das autarquias locais, ou seja, dos presidentes das câmaras municipais e dos presidentes das juntas de freguesias. Estes só podem fazer três mandatos consecutivos. Todavia, se em 01/01/06 estiverem a fazer o 3.° (ou mais) mandato consecutivo ainda podem ser eleitos para mais um.

Findo o número de mandatos consecutivos permitidos aqueles autarcas não podem ser reeleitos para o quadriénio imediatamente subsequente.

Curiosamente qualquer vereador a tempo inteiro pode fazer vários mandatos, ou seja, não tem limitações de eleição.

A inelegibilidade constante do n.° 3, do art. 1.° só vale para os autarcas que estejam a exercer o último dos mandatos legalmente permitidos.

O disposto nesta lei acaba a funcionar como uma inelegibilidade para os presidentes da câmara e da junta de freguesia.

13 – A L. 46/05 vai transcrita a final.

14 – Verificada situação de inelegibilidade a declaração de perda de mandato não está dependente da avaliação que se possa fazer quanto à culpa. Não terá lugar, pois, por exemplo, a reapreciação da questão de facto de saber se uma situação de insolvência consubstanciadora de inelegibilidade foi criada com dolo, com negligência ou sem culpa. Porque as situações de inelegibilidade são objectivamente definidas.

15 – Já se nos deparou uma situação caricata. Decidida, mais ou menos a meio do mandato para o quadriénio 2005-2009, a perda de mandato de um presidente de junta de freguesia por sentença judicial com base no n.° 2 do art. 8, logo a seguir foram realizadas eleições intercalares para completar o mandato para esse quadriénio e, tendo-se aquele candidatado de novo, ganhou outra vez a presidência da junta. No procedimento eleitoral autárquico o mmo juiz da comarca não detectou qualquer inelegibilidade.

Quid juris?

Defendemos que, pese embora a inelegibilidade daquele que perdeu o mandato não estar expressamente consagrada, a chave da solução estaria no disposto no art. 75 da L. 169/99, de 18/09. No seu n.° 1 se estabelece que "os membros dos órgãos das autarquias locais são titulares de um único mandato" e que "o mandato dos titulares dos órgãos das autarquias locais é de quatro anos". Ora, se o autarca já perdeu o seu mandato para o quadriénio não o pode retomar, sob pena de, em violação destes dispositivos, se estar a permitir a continuação do mandato. Não se olvide que perda de mandato é uma sanção que, sendo judicialmente aplicada, não pode deixar de ser cumprida. Que alguns consideram intrinsecamente equivalente a uma pena disciplinar, daí a convocação dos princípios gerais do direito penal e disciplinar para a sua aplicação (cfr ac. do TCAS de 13/09/07).

Por outro lado, tratando-se de eleições intercalares para completar mandato, se o quadriénio só comporta um mandato, se o mandato é único, quem o perdeu não pode retomá-lo. Como "mutatis mutandis" se estabelece no art. 220, n.º 2, da LO n.º 01/01, de 14/08, "em caso de dissolução, o órgão autárquico resultante de eleições intercalares, completa o mandato do anterior" (sublinhado nosso).

Não estaríamos, pois, perante situação de impossibilidade objectiva de reeleição sob pena de se obstar a cumprimento de decisão judicial sancionatória?. E, a não ser detectada a tempo, sempre o M.º P.º se poderia prevalecer do 8, n.º 1, al. b), e, conjugando-o com o citado art. 75, propor nova acção de perda de mandato?.

Contudo, o ac. do TCAN de 28/02/08, rec. 359/07, Medeiros Carvalho, que decidiu em recurso o caso, considerou que "à luz do ordenamento legal actualmente vigente, em especial, dos arts 6 e 7 da LEOAL e 12 e 13 da L. 27/96, não resulta a consagração de causa de inelegibilidade para aqueles eleitos locais que viram o seu mandato perdido por decisão judicial relativamente ao acto eleitoral entretanto marcado e destinado a completar o mandato interrompido e aos mandatos subsequentes salvo se se tratar de situação que tenha enquadramento no aludido art. 13 da L. 27/96 (condenação definitiva dos membros dos órgãos autárquicos em qualquer dos crimes de responsabilidade previstos e definidos na L. 34/87). Com a alteração legislativa operada pela L. 27/96 aquela causa de inelegibilidade deixou de existir ao invés do que resultava do quadro legal vigente anteriormente àquele diploma (cfr art. 14 da L. 87/89, de 09/09)."

Mas o aresto não entra na análise do disposto no art. 75 da L. 169/99 e das implicações daí decorrentes para o caso.

16 – "I – Um presidente da junta de freguesia não pode exercer funções de secretário do gabinete de apoio pessoal a vereador, porque há incompatibilidade de funções (art. 3.º , n.º 1, als a) e b), do DL 196/93, de 27/05). II – As violações referidas em I determinam a demissão do cargo em que o infractor esteja investido (art. 5, n.º 1, do citado DL). III – Assim, a sanção para estas hipóteses é a demissão do cargo para que fora nomeado

e não a perda de mandato para que fora eleito tal cidadão" (Ac. do STA de 03/06/03, rec. 843/03, Pires Esteves).

17 – "I – Nos termos do art. 8 , n.° 1 al. b), da L. 27/96, de 01/08, em conjugação com o art. 6, n.° 2, al. a), da LO n.° 1/01, de 14/08, os membros dos órgãos autárquicos, que após a eleição se coloquem numa situação de inelegibilidade, ou seja, na situação de "falidos e insolventes" desde que não reabilitados, perdem o mandato, independentemente de a situação de falência ou de insolvência ter sido criada com dolo ou negligência. II – Não é inconstitucional a norma da al. b) do n.° 1 do art 8 da L. 27/96 na parte em que determina a perda de mandato aos membros dos órgãos autárquicos que, após a eleição, sejam colocados em situação que os torne inelegíveis, nomeadamente e "in casu", quando a inelegibilidade resultar da declaração de falência proferida com trânsito em julgado, inexistindo reabilitação do falido, ainda que tal pronúncia judicial tenha ocorrido durante o exercício do cargo autárquico, ou seja, ainda que se trate de uma inelegibilidade superveniente em relação à data do início do exercício do cargo" (ac. do TCAN de 12/05/05, rec. 1277/04, Ana Portela).

18 – No sentido da constitucionalidade da norma da al. b) em análise se pronunciou já o TC no ac. n.° 382.01, de 26/09/01, Proc. n.° 134/01. Escreve-se aí que "não se vê qualquer razão para distinguir entre as situações de inelegibilidade "ab initio" em que a pessoa não pode ser eleita para salvaguarda da transparência, isenção e imparcialidade no exercício de cargo público nos órgãos do poder local e a inelegibilidade após a eleição de pessoa que, pela qualidade de funcionário dos órgãos representativos das freguesias e dos municípios, não garante essas mesmas características no desempenho das suas funções, independentemente de um juízo de culpa sobre a sua actuação concreta".

19 – A al. c) não é mais do que a lembrança de uma regra de ética e de honestidade política. E visa impedir a figura do "eleito saltitão", isto é, daquele candidato que, depois de eleito, muda convenientemente de partido. Não terá grande efeito prático. Porque o eleito não perde, porém, o mandato se por qualquer razão se demitir do partido e continuar como membro do órgão na qualidade de independente.

20 – A al. d), "brevitatis causa", remete para as nove situações que no art. 9 estão previstas também como causas de dissolução de órgãos. Anotá-las-emos no lugar próprio.

21 – O n.° 2, como previsão legal típica de perda de mandato, comporta um elemento objectivo, a intervenção, no exercício das funções

Da Perda de Mandato Autárquico

ou por causa delas, em procedimento administrativo, acto ou contrato de direito público ou privado, relativamente ao qual se verifique impedimento legal, e um elemento subjectivo, a intenção de obter vantagem patrimonial para si ou para outrem. A teleologia da norma é a evitação de obtenção pelos autarcas ou pessoas próximas de situações de favor, de primazia ou de privilégio em detrimento de terceiros que não têm à autarquia qualquer ligação funcional. Para respeito das directivas constitucionais estabelecidas nos n.°s 1 e 2 do art. 266 da CRP. A jurisprudência do STA tem exigido que o interesse seja directo e pessoal, relevante, de tal modo que afecte a capacidade do autarca de decidir, com isenção e imparcialidade, o interesse público posto a seu cargo (acs do STA de 24/04/96, ec. 39873, de 11/07/96, rec. 40467, de 19/03/96, rec. 39 746, e de 14/05/96, rec. 40 138).

22 – Vantagem patrimonial é aquela que é susceptível de apreciação pecuniária, isto é, avaliável em dinheiro. Vantagem patrimonial pode definir-se como incremento do património ou proveito económico. (sobre património, v. Mota Pinto, "Teoria Geral do Direito Civil, Coimbra Editora, 1976, 232 e segs)

23 – "O art. 8, n.° 2, da L. 27/96, ao referir que incorrem em perda de mandato os membros dos órgãos autárquicos que, no exercício das suas funções, ou por causa delas "intervenham em procedimento administrativo" relativamente ao qual se verifique impedimento legal, "visando a obtenção de vantagem patrimonial para si ou para outrem" pressupõe a existência de uma intenção dirigida a um fim específico, ou seja, que com essa intervenção ou actuação ilícita o eleito local visou ou pretendeu obter para si ou para outrem uma "vantagem patrimonial", o que significa que essa intervenção, além de ser antijurídica, terá de ser dolosa. Não é por conseguinte de decretar a perda de mandato quando não esteja demonstrado nos autos a actuação dolosa antes descrita por parte do eleito local e isto pese embora o mesmo tenha tido intervenção ilícita em determinado acto. Além disso, o acto desenvolvido pelo eleito local tem de ter-se como dotado de potencialidade suficiente e idónea tendente, por si, à obtenção duma vantagem patrimonial, pelo que não estaremos perante uma situação susceptível de ser configurada como de ilegalidade grave geradora de perda de mandato se inexistir em concreto tal potencialidade para alcançar ou obter uma vantagem patrimonial ilícita" (TCAN de 08/03/07, rec. 110/06, Medeiros Carvalho)

Sobre a necessidade do dolo v. também acs do STA de 18/05/95, rec. 37472, de 18/03/03, rec. 369/03, de 22/04/04, rec. 284/04, Edmundo Moscoso[5], do TCAN de 08/03/07, rec. 110/06.

24 – Em matéria de impedimentos deve ter-se em atenção o disposto na al. b), iv e v, do art. 4 da L. 29/87, de 30/06, (republicada pela L. 52-A/05, de 10/10), que fixa aos eleitos locais, "em matéria de prossecução do interesse público", o dever de "não intervir em processo administrativo, acto ou contrato de direito público ou privado nem participar nas apresentação, discussão ou votação de assuntos em que tenha interesse ou intervenção, por si ou como representante ou gestor de negócios de outra pessoa, ou em que tenha interesse ou intervenção em idênticas qualidades o seu cônjuge, parente ou afim em linha recta ou até ao 2.° grau da linha colateral[6], bem como qualquer pessoa com quem viva em economia comum", e o dever de "não celebrar com a autarquia qualquer contrato, salvo de adesão".

E não se devem esquecer os impedimentos consagrados no art. 44, n.° 1, do CPA. Sendo que também para os autarcas valerá a exclusão de impedimento quanto às intervenções que se traduzam em actos de mero expediente, designadamente actos certificativos, ut n.° 2 do citado art. 44.

25 – "O fundamento para a perda de mandato prevista no art. 8, n.° 2, da L. 27/96, implica cumulativamente que: (i) o membro do órgão autárquico, no exercício das suas funções, intervenha em procedimento administrativo relativamente ao qual se verifique impedimento legal; (ii) que essa intervenção ilegal vise a obtenção de vantagem patrimonial para si ou para outrem. Nos termos do art. 44, n.° 1, al. a), do CPA, os eleitos locais estão impedidos de intervir e votar em reunião camarária em que se coloca

---

[5] Os "casos de impedimento" aparecem no CPA integrados em secção VI, "Das garantias da imparcialidade", Capítulo I, Parte II, pese embora, com a proibição de intervenção procedimental, não se vise só proteger o princípio da imparcialidade.

[6] As linhas e os graus de parentesco e a afinidade estão definidos nos arts 1580, 1581 e 1584 do C. Civil. Assim, a linha de parentesco diz-se recta, quando um dos parentes descende do outro; diz-se colateral, quando nenhum dos parentes descende do outro, mas ambos procedem de progenitor comum. Na linha recta há tantos graus quantas as pessoas que formam a linha de parentesco, excluindo o progenitor; na linha colateral os graus contam-se pela mesma forma, subindo por um dos ramos e descendo pelo outro, mas sem contar o progenitor comum. Parentes em linha recta são todos os ascendentes ou descendentes. Afins em linha recta de certa pessoa são os casados com os seus ascendentes ou descendentes. Exemplos de colaterais em segundo grau são os irmãos.

Da Perda de Mandato Autárquico 35

a questão de saber se compete ou não à autarquia, nos termos do art. 21 da L. 29/87, de 30/06 (Estatuto dos Eleitos Locais) suportar o pagamento de determinados montantes devidos a título de honorários a advogado a quem eles, em nome individual, tenham passado procuração forense para os representar em processo que teve origem em queixa crime que oportunamente apresentaram contra outros dois vereadores da autarquia. O art. 8, n.º 2, da L. 27/96 ao referir que incorrem em perda de mandato os membros dos órgãos autárquicos que, no exercício das suas funções, ou por causa delas "intervenham em procedimento administrativo" relativamente ao qual se verifique impedimento legal, "visando a obtenção de vantagem patrimonial para si ou para outrem", pressupõe a existência de uma intenção dirigida a um fim específico ou seja, que com essa intervenção ou actuação ilícita os recorridos apenas visaram ou pretenderam obter para si uma "vantagem patrimonial". O que significa que essa intervenção, além de antijurídica, terá de ser dolosa. Não é por conseguinte de decretar a perda de mandato quando aqueles eleitos locais embora com intervenção ilícita em determinada deliberação, se não demonstre que com essa intervenção ilícita apenas visaram a obtenção de uma vantagem patrimonial". (ac. STA de 22/04/04, rec. 248/04, Edmundo Moscoso)

26 – A lei não distingue entre vantagem patrimonial lícita ou ilícita. Por isso, para esta previsão legal típica de perda de mandato é indiferente tal natureza. Porém, em sentido contrário entendeu o STA em ac. de 18/03/03, rec. 369/03, (Adelino Lopes), considerando que a lei "não se refere a todo e qualquer proveito económico, mas a uma vantagem ilícita resultante do exercício das suas funções em termos que lei proíbe ou para fins diversos legalmente previstos". Ilícita no sentido de não ser devida (ac. do STA de 03/04/97, rec. 41 784).

27 – Questão colateral é a da averiguação de causas gerais justificativas ou exculpativas de não aplicação da sanção, para que remete o art. 10 e a da normal aplicação dos princípios gerais de direito, em primeiro lugar dos constitucionais, e, logo a seguir do direito penal, nomeadamente, da proporcionalidade e da culpa, que podem ter também efeito excludente da aplicação da sanção. Como se entendeu no ac. do STA de 18/03/03, rec. 369/03, "dada a gravidade da sanção de perda de mandato que a lei comina para determinados comportamentos, importa não só determinar se esses comportamentos estão objectivamente tipificados na lei, mas ainda se se verifica o elemento subjectivo que justifique um juízo de censura proporcional à medida sancionatória que só será de aplicar quando, ponderados

os factores objectivos e subjectivos relevantes, se conclua pela indignidade do requerido para a permanência no exercício das suas funções" (v. também ac. do STA de 09/01/02, rec. 48349).

A intencionalidade referida tem de alegar-se e de provar-se.

28 – Contrato de adesão pode definir-se como o contrato "em que um dos contraentes – o cliente, o consumidor –, não tendo a menor participação na preparação e redacção das respectivas cláusulas, se limita a aceitar o texto que o outro contraente oferece, em massa, ao público interessado" (Cfr Antunes Varela, "Das Obrigações em Geral", I". É exemplo de contrato de adesão aquele que qualquer cidadão outorga com a autarquia para abastecimento e consumo de água ou a generalidade dos contratos de seguro ou bancários. Em jargão jurídico, "c'est à prendre ou à laisser", "pegar ou largar".

29 – "Os membros dos órgãos autárquicos estão legalmente impedidos de intervir, sob qualquer forma, em procedimento administrativo, acto ou contrato de direito público ou privado, em que o autarca tenha interesse. No que aos contratos respeita, tal significa que o membro do órgão autárquico deve abster-se de intervir em qualquer momento no iter negocial: negociações, celebração e execução. Deve decretar-se a perda de mandato do secretário duma junta de freguesia quando este tenha intervindo, nessa qualidade, em contrato de exploração de pedreira, celerado entre si e aquela junta" (ac. STA de 07/01/97, rec. 41478, Barata Figueira).

30 – "Acarreta perda de mandato para o presidente da Junta de Freguesia o fornecimento de madeira a essa Junta a troco de dinheiro e a prestação de serviços com o seu tractor, durante cerca de três anos, troco de dinheiro, mesmo que a madeira tenha sido vendida a preço inferior ao do mercado. Dado que o fim da lei é preservar a isenção dos eleitos locais, evitando o conúbio do interesse público com intereese privados, que, no mínimo, gera suspeitas, não se pode falar em abuso de direito". (Ac. do STA de 19/03/96, rec. 39746, Moura Cruz).

31 – "Para que possa ser determinada a perda de mandato dos eleitos locais, nos termos do art. 8, n.° 2, da L. 27/96, de 01/08, é necessário que o autarca intervenha em procedimento administrativo, acto ou contrato para que esteja legalmente impedido, no exercício das suas funções ou por causa delas. Não interveio no exercício das suas funções ou por causa delas o presidente da junta de freguesia que, na qualidade de sócio-gerente de uma empresa que, sem intervenção sua, foi seleccionada em concurso público para realizar obras públicas adjudicadas pela Câmara

Da Perda de Mandato Autárquico 37

Municipal, interveio no contrato de empreitada celebrado entre a Câmara Municipal e aquela empresa" (ac. do STA de 18/03/03, rec. 369/03, Adelino Lopes).

32 – "Constitui causa de perda de mandato a intervenção de autarca em deliberações em que tinha interesse, sem isso declarar. O interesse legalmente previsto deve ser um interesse directo. E esse interesse deve ser relevante, deve ser tal que afecte a capacidade do autarca de decidir com isenção e imparcialidade. A posse de três acções, no valor de quinze mil escudos, em cooperativa de interesse público com capital social superior a cem milhões de escudos (sendo o Município detentor de acções representativas de quase 90% deste capital), não é susceptível de obstar a uma posição independente do autarca demandado" (ac. do STA de 24/04/98, rec. 39873, Serra Lima).

33 – A jurisprudência do STA é efectivamente no sentido de que o interesse há-de ser directo e pessoal, relevante, de tal modo que afecte a capacidade do autarca de decidir, com isenção e imparcialidade, o interesse público posto a seu cargo (cfr acs de 11/07/96, rec. 40 467, de 19/03/96, rec. 39746 e de 14/05/96, rec. 40138).

34 – Para exemplo de "ilegalidade grave", no domínio da L. 87/89, com interesse meramente histórico, v. ac. do STA de 10/08/94, rec. 35186, Mário Torres. O conceito de ilegalidade grave, integrado pela prática de acção ou omissão dolosas e com vista à consecução de fins alheios ao interesse público, há-de ser preenchido de modo exigente nos seus pressupostos, mas não de modo a aí nada caber. Sob pena de se retirar qualquer efeito útil à norma.

35 – O art. 8.º não esgota todos os motivos legalmente estabelecidos de perda de mandato.

A já citada L. 34/87, (crimes de responsabilidade dos titulares de cargos políticos), acrescenta mais um. No seu art. 29, sob a epígrafe "efeitos das penas aplicadas a titulares de cargos políticos de natureza electiva" estabelece que "implica a perda do respectivo mandato a condenação definitiva por crime de responsabilidade cometido no exercício das suas funções dos seguintes titulares de cargo politico (…) f) membro de órgão representativo de autarquia local" (v. também art. 65, n.º 2, do C. Penal). Trata-se aqui de uma sanção penal acessória por isso não confundível com a sanção autónoma homónima prevista na lei anotanda aplicada no âmbito da intervenção tutelar da Administração. A primeira decidida por um tribunal penal a outra por um tribunal administrativo. Em termos práticos o resultado é o mesmo: o afastamento definitivo do exercício de um cargo electivo, o fim do mandato político.

36 – O mandato a que se refere a al. f) abrangerá o mandato corrente à data da decisão, mesmo que posterior à data do facto ilícito criminal. É que, se é certo que a reeleição traduz confirmação da vontade dos cidadãos na entrega da gestão da coisa pública a determinada pessoa, apenas a definitividade e publicidade da decisão condenatória penal permite aferir se, de acordo com a vontade popular, a prática do crime não abala decisivamente a confiança que brota da eleição. (cfr. decisão proferida pelo Tribunal de Gondomar no mediático processo "Apito Dourado", segundo informou a imprensa, pois não tivemos acesso à decisão).

37 – O ac. do TC de 17/10/90, rec. 274/90, "não julga inconstitucional a norma constante do artigo 29, alínea f), da L. n.º 34/87, de 16 de Julho, enquanto fixa, como efeito da condenação por crime de responsabilidade de titular de cargo político, a perda de mandato respectivo". Mais, aí se refere que, face à introdução pela revisão constitucional de 1989 da parte final do n.º 3 do então artigo 120, ficou esclarecido que a "perda de mandato é inerente à própria ideia de condenação em crime de responsabilidade, não repugnando aceitar que ela se configure, "in casu, como efeito automático da condenação".

38 – Tenha-se, contudo, aqui em atenção a jurisprudência fixada pelo acórdão uniformizador de jurisprudência do STJ de 25/06/08, Oliveira Mendes, rec. 7/08, DR, I, de 30/07/08. Ou seja, "mutatis mutandis", a acusação por crime de responsabilidade de titular de cargo político, deve conter referência à previsível perda de mandato, sob pena de não se poder aplicar tal sanção acessória, na impossibilidade de exercício do contraditório. É que, além das exigências legais previstas no art. 283 do CPP para a dedução da acusação, da regra de que, com o despacho que recebe a acusação e designa dia para julgamento, se estabiliza o objecto do processo, se fixam os poderes de cognição do tribunal e a extensão do caso julgado, a consideração do princípio do contraditório e respeito pelo direito de defesa ditam que "o processo penal é um processo equitativo e justo, não sendo configurável, num Estado de direito, a possibilidade de ao arguido ser aplicada uma pena sem que disso seja prevenido, isto é, sem que lhe seja dado oportuno conhecimento da possibilidade de que nela pode vir a ser condenado".

Na ausência de tal referência processualmente poderá ultrapassar-se a irregularidade da omissão mediante a utilização do dispositivo do art. 358.º do CPP.

Da Perda de Mandato Autárquico 39

39 – Por sua vez a L. 4/83, de 02/04, na redacção que lhe foi dada pela L. 25/95, de 18/08, (controlo público da riqueza dos titulares de cargos políticos)[7], depois de enunciar no art. 1.° a obrigatoriedade de apresentação de declaração de rendimentos dos titulares de cargos políticos, entre os quais se encontram, para o pertinente ao nosso objecto de estudo, o presidente e o vereador da câmara municipal (art 4, al. n), dispõe no seu art. 3.°, n.° 1, que "em caso de não apresentação das declarações previstas nos artigos 1.° e 2.°, a entidade competente para o seu depósito[8] notificará o titular do cargo a que se aplica a presente lei para a apresentar no prazo de 30 dias consecutivos, sob pena de, em caso de incumprimento culposo, salvo quanto ao Presidente da República, ao Presidente da Assembleia da República e ao Primeiro-Ministro, incorrer em declaração de perda do mandato, demissão ou destituição judicial, consoante os casos, ou, quando se trate da situação prevista na primeira parte do .° 1 do art. 2.°, incorrer em inibição por período de um a cinco anos para o exercício do cargo que obrigue à referida declaração e que não corresponda ao exercício de funções como magistrado de carreira". A primeira parte do n.° 1 do art. 2.° refere-se à apresentação de nova declaração, actualizada, no prazo de 60 dias a contar da cessação das funções que tiverem determinado a apresentação da precedente, da recondução ou da reeleição.

Determina este diploma que os titulares de cargos políticos com funções executivas devem renovar anualmente as respectivas declarações (art. 2, n.° 3). Renovação que, a não haver lugar à actualização da anterior, se bastará com a simples menção desse facto (art. 2, n.° 4). É improvável, contudo, que não haja alteração anual da anterior já que, constando dela a indicação total dos rendimentos brutos declaráveis para IRS, o (sempre expectável) aumento anual fixado para a função pública necessariamente levará ao aumento daqueles rendimentos brutos.

O art. 2, n.° 3, ao incluir como obrigados à renovação anual das declarações os titulares de cargos políticos "com funções executivas" abrange todos os vereadores de uma câmara municipal, quer estejam a tempo inteiro, quer a meio tempo, quer sem tempo algum, pois, todos têm assento num órgão executivo, desempenhando funções executivas.

---

[7] A L. 4/83 mostra-se regulamentada pelo D. Reg. n.° 1/00, de 09/03.
[8] A entidade competente para o depósito é o Tribunal Constitucional.

A adjectivação de culposo ao incumprimento no art. 3.º era dispensável, uma vez que como vimos, quer por aplicação das regras gerais do direito sancionatório quer por aplicação do disposto no art. 10, n.º 1, que sempre aqui teria aplicação subsidiária, nunca poderá haver aplicação de sanção sem que se demonstre ter havido culpa. Mas serve para aí incluir as actuações negligentes.

Na culpa "lato sensu" podem distinguir-se duas modalidades, o dolo e a negligência ou mera culpa, como, por vezes lhe chama a lei (arts 483 e 494 do C. Civil). O dolo pode assumir as formas de directo, necessário ou eventual e a negligência pode ser consciente ou inconsciente. Porque pode ter relevância para a análise do caso concreto, assinale-se, com Pessoa Jorge, in "Ensaio sobre os pressupostos da responsabilidade civil", Almedina, 1995, 330, que "embora à primeira vista possa parecer o contrário, a culpa inconsciente é ainda um *estado psicológico*, que se traduz no *relaxamento ou diminuição do esforço de vontade para actuar licitamente*; na medida em que o agente se deixou cair nesse estado de relaxamento e de desatenção, pode ainda considerar-se o resultado ilícito como fruto da sua vontade".

Qualquer das modalidades da culpa serve de sustentação ao pedido de perda de mandato. Discordamos, por isso, de que se limite a culpa como pressuposto de tal perda de mandato à "culpa grave", como o entendeu o ac. do STA de 22/08/07, rec. 690/07, Costa Reis. A nossa posição é sufragada pelo ac. do TCAN de 13/09/07, rec. 194/07, Aragão Seia, e de onde se entende que para a integração do elemento subjectivo basta a mera negligência. Questão diferente é a limitação adveniente da aplicação do princípio constitucional da proporcionalidade nas suas três dimensões (adequação, necessidade e proporcionalidade "stricto sensu"). É que, estando em causa o poder local eleito, sempre como suporte da perda de mandato há-de estar uma razão séria e não negligenciável. Se a consequência sancionatória é grave há-de ser antecedida por uma causa grave, no aforismo popular de que só para os grandes males é que poderá haver grandes remédios.

"O objectivo da lei é permitir, com a periodicidade de que a mesma dá conta (anualmente), o controlo público da riqueza dos titulares dos cargos políticos, e, dessa forma, evitar os casos de corrupção e preservar o prestígio da classe politica" (ac. do STA de 26/09/07, rec. 693/07, Angelina Domingues).

A notificação pode ser efectuada por qualquer das formas referidas no art. 70, n.º 1, do CPA. Mister é que ela seja recebida pelo notificando de

Da Perda de Mandato Autárquico 41

forma a este ficar a conhecer aquilo que se lhe quer transmitir. Não funciona aqui qualquer presunção legal de recebimento da notificação. Na dúvida do recebimento não poderá configurar-se o pressuposto de incumprimento culposo (ac. do STA de 05/12/07, rec. 871/07, Edmundo Moscoso).

Se existir dúvida sobre se o titular do cargo político efectivamente recebeu a carta sobre o novo prazo para apresentar a declaração em causa, e essa dúvida não for superável por uma qualquer presunção legal, mostra-se impossível censurá-lo por incumprimento culposo. E, saliente-se, as presunções legais de notificação abrigadas no art. 254 do CPC não são aplicáveis às notificações realizadas nos procedimentos administrativos mas tão só às notificações "in judicio" (ac. do STA de 14/08/07, Madeira dos Santos, e ac. do TCAN de 11/10/07, Araújo Veloso).

"Tendo a notificação referida sido remetida para a Câmara Municipal e aí recebida por pessoa diversa, que assinou o aviso de recepção, e não tendo ficado demonstrado que o interessado teve efectivo conhecimento dessa notificação, não pode considerar-se "culposo" o incumprimento do dever de declaração de rendimentos, não podendo, assim, ser declarada a perda do respectivo mandato". (ac. do STA de 24/01708, rec. 950/07, Pais Borges. V. também ac. do STA de 05/12/07, rec. 804/07, João Belchior).

Em resumo, a sanção da perda de mandato assentará aqui em três requisitos cumulativos: (1) notificação do recorrido para apresentar a declaração em 30 dias, (2) incumprimento dessa obrigação e (3) culpa concomitante.

40 – Recebida a certidão do TC nada impede que o M.°P.° ouça o faltoso sobre as razões da falta. Já, contudo, não tem cobertura legal que lhe conceda novo prazo para cumprimento da obrigação. A apresentação da declaração após os prazos referidos na lei não tem qualquer relevância, pois, não "sana" a falta de remessa atempada.

41 – A remessa pelo TC de certidão de incumprimento da obrigação de apresentação da declaração de rendimento e património ao TAF territorialmente competente tem assento legal no art. 109 da L. 28/82, de 15/11, na redacção da L. 88/95, de 01/09, que aprova a Organização, funcionamento e processo do Tribunal Constitucional.

A competência material dos tribunais administrativos para as subsequentes acções de perda de mandato advêm-lhes do disposto nos arts 1.°, n.° 2, e 4, n.° 1, al. a) do ETAF, aprovado pela L. 13/02, de 19/02, na redacção da L. 107-D/03, de 31/12.

42 – Comunicação da decisão judicial: Impõe o art. 110 do mesmo diploma que "proferida decisão condenatória de titular de cargo político

ou equiparado pela não apresentação de declaração de património e rendimentos ou pela falsidade desta, o tribunal competente, logo que tal decisão haja transitado em julgado, comunicá-la-á por certidão ao Tribunal Constitucional".

43 – "A sanção administrativa da perda de mandato para os titulares de cargos políticos, por incumprimento culposo, das disposições dos arts 1.° e 3.°, n.° 1, da L. 4/83, visa acautelar os deveres de isenção e de desinteresse pessoal no exercício das funções, pois que só tais deveres permitem alicerçar um clima de confiança entre os cidadãos e os eleitos, não sendo tal norma inconstitucional ao prever a sanção de perda de mandato, na medida em que a mesma tem como desiderato a preservação da confiança pública, não violando o princípio da proporcionalidade, nem o disposto nos arts 18, n.° 2 e n.° 3 e 50 da CRP" (TCAS de 08/11/07, rec. 3014/07, Magda Geraldes).

Para reforço de acautelamento daqueles deveres e para fortalecer a preservação dessa confiança pública a L. 19/08, de 21/04, cometeu ao MP um dever de fiscalização pois terá de proceder anualmente à análise das declarações apresentadas após o termo dos mandatos ou a cessação de funções dos respectivos titulares.

E nos termos do art. 9, n.° 5, da L. 54/08, de 05/09, deve a Procuradoria Geral da República remeter ao Conselho de Prevenção da Corrupção "os resultados da análise anual à Assembleia da República, efectuada pelo Ministério Público junto do Tribunal Constitucional, das declarações apresentadas após o termo dos mandatos ou a cessação das funções dos titulares de cargos políticos".

44 – "É de admitir a revista de acórdão do TCA que manteve a sentença do TAF que tinha decretado a perda de mandato da recorrente como vereadora da Câmara Municipal e onde se questiona, designadamente, sobre qual deva ser a forma de que se deve revestir a notificação prevista no n.° 1 do art. 3.° da L. 4/83, bem como a definição do sentido e alcance da exigência consagrada no aludido preceito, quando nele se fala de "incumprimento culposo". (Ac. do STA de 17/04/08, rec. 299/08, Santos Botelho. No mesmo sentido, do mesmo Conselheiro, ac. do STA de 26/09/07, rec. 733/07).

Na sequência do entendimento da admissibilidade da revista o STA, in ac. de 28/05/08, rec. 299/08, Angelina Domingues, concluiu o seguinte:

"I – A exigência de "culpa no incumprimento" a que se refere o art. 3.°, n.° 1, da L. 4/83, na redacção da L. 25/95, não impõe nem implica a notificação pessoal do titular do cargo político do despacho do Presidente do Tribunal Constitucional a que se reporta o preceito: implica ou impõe sim, que qualquer que seja a forma de notificação, o titular de cargo político tenha conhecimento da obrigação cujo incumprimento dentro do prazo legal implica a perda de mandato. II – Tendo o acórdão recorrido considerado provado o conhecimento referido em I, e não estando em causa a situação excepcional prevista no n.º 4 do art. 150 do CPTA, tem de se considerar assente esse facto no âmbito do recurso de revista. III – O art. 3, n.º 1, da L. 4/83, na redacção da L. 25/95, apenas exige um "incumprimento culposo" e não doloso da obrigação em falta. IV – A falta de apresentação da declaração de rendimentos, património e cargos sociais, a que se refere o art. 1 da L. 4/83, na redacção da L. 25/95, por vereador de uma Câmara Municipal (titular de cargo político), nos sessenta dias seguintes à data em que foi investido no aludido cargo, nem nos trinta dias consecutivos à notificação que lhe foi feita do despacho do Presidente do Tribunal Constitucional, para, no referido prazo, apresentar naquele Tribunal a mencionada declaração, sob pena de incorrer em declaração de perda de mandato, é um comportamento gravemente culposo – na falta de razões que o justifiquem, retirando-lhe censurabilidade – que a lei sanciona com a perda de mandato. V – O incumprimento culposo a que alude o art. 3, n.º 1, da L. 4/83, na redacção da L. 25/95, refere-se à não apresentação atempada da declaração, bem como da respectiva renovação, e não apenas a situações em que os destinatários da norma nunca apresentem a declaração em falta".

45 – Em entrevista ao "Expresso" de 21/07/07, o presidente do TC, Dr Moura Ramos, dava-nos conta das próprias dificuldades do TC no controle do cumprimento da obrigação face ao elevado número de titulares de cargos políticos obrigados a apresentarem a declaração de património e rendimentos.

46 – O n.º 3 sanciona com a perda de mandato em exercício a prática de acções ou omissões praticadas em mandato imediatamente anterior, mas só verificadas em momento posterior ao da eleição, consubstanciadoras das previsões típicas do art. 8, n.º 1, al. d) e do art. 8, n.º 2. O que é bem revelador do grau de censura do legislador de tais práticas. Sem aquela "verificação" não pode haver propositura da acção, e a sua falta ou inexistência constitui matéria de excepção.

47 – Tirado no domínio da anterior legislação: "apurado que um vereador de uma câmara municipal, no mandato de 1990 – 1993, interveio em diversas deliberações relativas a concursos em que eram interessados

dois seus irmãos, há lugar à aplicação da sanção de perda de mandato, e não da dissolução do órgão autárquico, porque as ilegalidades detectadas – embora inseridas em actos não individualmente decididos pelo autarca em causa – derivam de situações que exclusivamente a ele dizem respeito (arts 8 e 9, n.º 2, al. b), da l. 87/89, de 09/09). O mandato cuja perda deve ser declarada é o correspondente ao período em foram cometidas as ilegalidades que determinaram a aplicação dessa sanção (no caso o mandato de 1990 – 1993). Só haveria lugar ao decretamento da perda do mandato actual (1994 -1997), ao abrigo do n.º 3 do art. 9 da L. 87/89, se, em inspecção, inquérito ou sindicância, a conduta tida no mandato anterior fosse qualificada de ilegalidade grave ou de prática continuada de irregularidades e como tal reconhecida pela entidade tutelar, e se isso tivesse sido alegado na petição inicial, o que no caso não ocorreu" (ac. STA e 09/08/95, rec. 38288, Mário Torres).

48 – Com referência ao interesse em agir, o ac. do STA de 19/03/96, rec. 031780, (Fernandes Cadilha), escreveu: "Torna-se superveniente inútil a lide na acção de perda de mandato fundamentada em grave ilegalidade, subsumível no disposto no art. 70, n.º 1, do DL 100/84, de 29/03, quando tenha expirado o mandato no decurso do qual tinham sido cometidas as irregularidades e, da declaração de perda de mandato, não possa relevar, ao abrigo do aludido regime legal, qualquer efeito de inelegibilidade ou outra consequência jurídica susceptível de se repercutir nos mandatos subsequentes".

49 – Questão a exigir exegese reflectida é a de saber se o membro por inerência de um órgão autárquico pode perder o lugar nesse órgão por via da declaração de perda de mandato. Hipotizemos: um presidente da junta que falta a quatro sessões seguidas da assembleia municipal incorre em perda de mandato na assembleia municipal por via dessas faltas?. Cremos que não. Porque o presidente da junta ocupa um lugar na assembleia municipal por inerência[9] do seu cargo de presidente de uma junta do concelho, e não por via de um mandato eleitoral para exercer o cargo de membro da assembleia municipal. Ele tem um mandato eleitoral, mas é o de presidente da junta. Esse pode perdê-lo por via de declaração judicial de perda de

---

[9] Inerência é a investidura obrigatória num cargo por força de disposição legal, em virtude do exercício de outro cargo, na definição de Marcello Caetano, in "Manual de Direito Administrativo", II, 654..

Da Perda de Mandato Autárquico   45

mandato. O lugar que ocupa por inerência na assembleia municipal não pode. O presidente da junta integra "por direito próprio", na expressão do art. 38, n.° 1, al. b) da L. 169/99, o órgão deliberativo do município.

O mandato deve entender-se como uma representação de conjunto de eleitores por um eleito decorrente de acto eleitoral. E só esse se pode perder.

Não obstante, as faltas sucessivas às sessões de um órgão onde deveria representar a sua junta de freguesia, preenchidos que estejam os demais pressupostos, são susceptíveis de integrarem a ilegalidade grave prevista no art. 9, al. f), e de conduzirem á sua perda de mandato de presidente da junta. Porque o citado art. 38, n.° 1, al. c), da L. 169/99, impõe-lhe um dever de comparência às sessões, "salvo caso de justo impedimento, situação em que se faz representar pelo substituto legal por ele designado".

50 – Revelia: "A revelia do réu em acção de perda de mandato, proposta ao abrigo do disposto nos arts 8, n.° 1, al. a), e 11, ambos da L. 27/96, de 01 de Agosto, não tem o resultado de se considerarem confessados os factos articulados pelo autor, já que é ineficaz a vontade das partes para a produção do efeito jurídico que pela acção se pretende obter (artigo 485, alínea c), do CPC)", ac. do STA de 17/06/03, rel. Alberto Augusto Oliveira, rec. 994/03.

Em sentido contrário o ac. do STA de 29/05/03, rec. 993/03, Rui Botelho: "No que à falta de contestação concerne rege o art 840 do CA que a comina com a "confissão dos factos articulados pelo recorrente" (neste caso autor). De resto, esta é a regra geral no âmbito do processo civil como decorre do n.° 1 do art. 484 do CPC".

Atenção hoje ao disposto no art. 83, n.° 4, do CPTA.

51 – Na apreciação dos fundamentos da perda de mandato impõe-se especial cautela. Porque a perda de mandato tem natureza sancionatória; é intrínseca a gravidade desta medida equivalente às penas disciplinares; a conduta dos titulares dos cargos políticos é periodicamente apreciada pelo universo dos respectivos eleitores; o decretamento da perda acarreta em algumas situações a inelegibilidade para mandato subsequente; e o art. 50, n.° 3, da CRP só permite que, no acesso a cargos electivos, a lei estabeleça "as inelegibilidades necessárias para garantir a liberdade de escolha dos eleitores e a isenção e independência do exercício dos respectivos cargos". Destarte, "meras irregularidades na escrituração, na conta de gerência, de receitas e despesas de junta de freguesia, sem o mínimo indício de aproveitamento pessoal do réu (presidente da junta) ou de terceiros ou de prejuí-

zos patrimoniais para a autarquia, são insuficientes para justificar o decretamento da perda de mandato, que tem de ter por fundamento condutas culposas do autarca que, por gravemente violadoras dos deveres do cargo (deveres de isenção, imparcialidade, independência e respeito da legalidade administrativa), o tornem indigno de permanecer no exercício das funções para que foi eleito" (STA de 21/03/96, rec. 39678, Mário Torres).

52 – Extinção da instância: "A renúncia ao mandato por parte de um presidente da Câmara Municipal não faz perder o objecto à acção instaurada para declaração de perda de mandato nem torna a lide inútil, porque da declaração dessa perda, não obstante a renúncia, se retira um efeito útil: a inelegibilidade para um futuro mandato." (STA de 15/02/96, rec. 39426, Mário Torres).

53 – "Se contrariamente ao sustentado no saneador-sentença recorrido, a questão de mérito a decidir não era unicamente de direito, mas de direito e de facto, e no momento em que foi proferido o processo não continha todos os elementos para uma decisão conscienciosa, impõe-se a revogação dessa sentença e a determinação do prosseguimento da acção para as fases de instrução e julgamento" (idem, ibidem).

54 – Custas: Nos termos do art. 449, n.°s 1 e 2, a), do CPC, deve entender-se como responsável pelas custas, por ter dado causa à acção apesar de não ter contestado, o réu que viu declarada a perda do mandato com fundamento em faltas justificadas às sessões do órgão autárquico de que era membro", (ac. do TCAN de 13/09/05, rec. 690/05, Oliveira de Sousa).

Artigo 9.°
Dissolução de órgãos

Qualquer órgão autárquico ou de entidade equiparada pode ser dissolvido quando:

a) Sem causa legítima de inexecução, não dê cumprimento às decisões transitadas em julgado dos tribunais;

b) Obste à realização de inspecção, inquérito ou sindicância, à prestação de informações ou esclarecimentos e ainda quando recuse facultar o exame aos serviços e a consulta de documentos solicitados no âmbito do procedimento tutelar administrativo;

c) Viole culposamente instrumentos de ordenamento do território ou de planeamento urbanístico válidos e eficazes;

Da Perda de Mandato Autárquico 47

d) Em matéria de licenciamento urbanístico exija, de forma culposa, taxas, mais-valias, contrapartidas ou compensações não previstas na lei;

e) Não elabore ou não aprove o orçamento de forma a entrar em vigor no dia 1 de Janeiro de cada ano, salvo ocorrência de facto julgado justificativo;

f) Não aprecie ou não apresente a julgamento, no prazo legal, as respectivas contas, salvo ocorrência de facto julgado justificativo;

g) Os limites legais de endividamento da autarquia sejam ultrapassados, salvo ocorrência de facto julgado justificativo ou regularização superveniente;

h) Os limites legais dos encargos com o pessoal sejam ultrapassados, salvo ocorrência de facto não imputável ao órgão visado;

i) Incorra, por acção ou omissão dolosas, em ilegalidade grave traduzida na consecução de fins alheios ao interesse público.

1 – A alínea a) seria dispensável já que o órgão ou seu membro que sem causa legítima de inexecução, não dê cumprimento às decisões transitadas em julgado dos tribunais está a cometer uma ilegalidade grave traduzida na consecução de fins alheios ao interesse público e, nessa medida, a situação integrar-se-ia na al. i). V. neste sentido o ac. do STA de 17/11/99, rec. 45543, Abel Atanásio, onde se sublinha que "a recusa reiterada de cumprimento de uma decisão judicial, transitada em julgado, sem que se verifique qualquer causa legítima de inexecução, consubstancia uma actuação ilegal muito grave que atinge os alicerces do estado de direito democrático (art. 208, n.° 2, da CRP), justificativo da dissolução do órgão infractor, nos termos do art. 9, al. a), da L. 27/96".

De qualquer modo compreende-se a preocupação do legislador de autonomizar essa desobediência como causa de perda de mandato, que não é mais do que o reflexo no direito ordinário do princípio da prevalência das decisões dos tribunais sobre quaisquer outras constitucionalmente consagrado na Lei Fundamental (art. 205, n.° 2, da CRP).

Para prevenir alegação defensiva muito comum de falta de conhecimento ou de notificação da decisão convirá que a decisão desrespeitada tenha sido notificada pessoalmente a quem tinha a obrigação de lhe dar cumprimento (e não exclusivamente ao mandatário). Não sendo despiciendo que a própria sentença o ordene.

2 – O fundamento de perda de mandato constante da al. b) é susceptível de constituir também ilícito penal, nos termos do art. 25 da L. 34/87, sob epígrafe "recusa de cooperação", cuja condenação, em tribunal penal, tem como efeito a perda de mandato, ut art. 29, al. f), do mesmo diploma.

As formas e a abrangência do procedimento tutelar administrativo vêm definidas no art. 3.

3 – A al. c) ao referir os instrumentos de ordenamento do território ou de planeamento urbanístico inclui todas as figuras planificatórias tipificadas legalmente, destinadas a disciplinar a ocupação, uso e transformação do solo, desde que, como é óbvio, válidos e eficazes, sejam de âmbito nacional, regional ou local e nominados como planos ou não.

O art. 9 da L. 48/98, de 11/08, indica como instrumentos de desenvolvimento territorial o programa nacional da política de ordenamento do território, os planos regionais de ordenamento do território, e os planos intermunicipais de ordenamento do território. Tipifica como instrumentos de planeamento territorial os planos municipais de ordenamento do território, onde cabem o plano director municipal, o plano de urbanização e o plano de pormenor. Depois define como instrumentos de política sectorial os planos com incidência territorial da responsabilidade dos diversos sectores da administração central, nomeadamente, nos domínios dos transportes, das comunicações, da energia e recursos geológicos, da educação e da formação, da cultura, da saúde, da habitação, do turismo, da agricultura, do comércio e indústria, das florestas e do ambiente. Como instrumentos de natureza especial os planos especiais de ordenamento do território. Entre estes estão os planos de ordenamento de áreas protegidas, os planos de ordenamento de albufeiras de águas públicas, os planos de ordenamento da orla costeira, os planos de ordenamento dos estuários e os planos de ordenamento de parque arqueológico (DL 380/99, de 22/09, L. 58/05, de 29/12 e L. 107/01, de 08/09).

Exemplifiquemos como plano sectorial o Plano de Deslocações Urbanas, cuja promoção de elaboração compete à Autoridade Metropolitana de Transportes, nos termos dos arts 5, n.° 1, al. a) e 9, da L. 1/09, de 05/01.

Mas, como refere Fernando Alves Correia, in "Manual de Direito do Urbanismo", Almedina, 2006, I, 322, ao lado dos planos territoriais tipificados na L. 48/98, de 11/08, e no DL 380/99, de 22/09, "existem outras figuras planificatórias de natureza territorial, inclusive algumas delas que não são *expressamente designadas* como *planos*. Quer dizer que é possível falar de uma *planificação sem planos*, expressão que designa o conjunto daquelas figuras jurídica de natureza planificatória que, apesar da sua essência planificadora, não são, todavia, designados pela lei como planos." Integrados nessa *planificação sem planos*, dá como exemplos os *projectos de intervenção em espaço rural*, os *projectos urbanos*, as *áreas de desenvolvimento urbano prioritário*, as *áreas de construção prioritária* e os *loteamentos urbanos*. Sendo os primeiros e os segundos uma modalidade simplificada de planos de pormenor (art. 91, n.º 2, als a) e e), do DL 380/99), aquelas áreas verdadeiros planos urbanísticos e o loteamento urbano um verdadeiro plano de pormenor da área a que diz respeito.

O citado autor, ibidem, acrescenta que "além dos exemplos apontados, podem citar-se outras figuras jurídicas que revelam traços planificatórios de natureza urbanística, apesar de não serem designados como planos pela lei. E faz menção dos "conjuntos turísticos", dos "parques industriais" e das "áreas de localização empresarial".

3 – Als e) e f): a obrigação legal de elaboração dos orçamentos e de apresentação das contas vem inscrita nos arts 13, n.º 2, 22, 17, 22 e 34, n.º 2, als a) e d) da L. 169/99, redacção actual (v. também DL 341/83, de 21/07).

4 – "Estando provado nos autos que a Junta de Freguesia Ré não elaborou nem aprovou o orçamento para o ano de 2003, de forma a entrar em vigor no dia 01 de Janeiro desse ano, e também não apresentou a julgamento, de forma a serem aprovadas dentro do prazo legal, ou seja, até ao fim de Abril de 2003, o relatório e contas de gerência do ano de 2002 e não tendo aquela logrado demonstrar que existia causa justificativa desses factos ou excludente da culpa dos seus agentes, existe fundamento legal para a sua dissolução, nos termos do art. 9, als e) e f) da citada L. 27/96", (ac. do STA de 14/04/04, rec. 284/04, Fernanda Xavier).

5 – Não é ao presidente da junta que incumbe elaborar o orçamento, v. art 38 da L. 169/99. Antes ao próprio órgão – junta de freguesia – incumbe elaborar e submeter a aprovação da assembleia de freguesia ou do plenário de cidadãos eleitores as opções do plano e a proposta do orçamento, sequer sem possibilidade de delegação de competência no seu presidente, arts 34, n.º 2, al. a), 35, n .º 1 da L. 169/99. Todavia, a falta de apresentação desses documentos também pode levar á declaração de perda de mandato do presidente da junta, ou de qualquer dos seus vogais. Ponto é que se demonstre nexo de causalidade e culpa entre a acção individual de um deles e o resultado, a não apresentação atempada dos documentos (v. arts 7 e 8, n.º 1). No dizer do ac. do STA de 17/10/06, rec. 1008/06, António Samagaio,

neste particular, "a perda de mandato do presidente da junta tem que ter por base circunstâncias suficientemente individualizadas, de modo a que se possa dizer que a omissão ilegal da elaboração e apresentação da proposta do orçamento anual ocorreu por uma causa imputável" àquele.

6 – Al. i): a ilegalidade grave tem de ter na base acção ou omissão dolosas, isto é, intencionalmente violadoras da Constituição e da lei, e finalisticamente orientadas para fins outros alheios ao interesse público. Assumirão aqui especial relevo e acuidade as situações em que os membros ou os órgãos através dos seus membros desrespeitam deveres legais, com a consciência dessa violação e no alheamento do interesse público e das finalidades adjudicadas a tais deveres (cfr ac. STA de 16/01/97, rec. 41238, Isabel Jovita).

7 – A dissolução do órgão junta de freguesia tanto se aplica à junta de freguesia saída da assembleia de freguesia como à gerada pelo plenário de eleitores (cfr art. 24 da L. 169/99).

8 – Dispõe o art. 10, n.º 2, da L. 10/03, que "a perda, cessação, renúncia ou suspensão de mandato no órgão municipal determina, para os respectivos titulares, o mesmo efeito no mandato que detêm nos órgãos da área metropolitana". E de igual forma dispõe o art. 27, n.º 2, da L. 11//03 que "a perda, a cessação, a renúncia ou a suspensão de mandato no órgão municipal determina o mesmo efeito no mandato detido nos órgãos da comunidade ou da associação".

9 – Nos termos do art. 220, n.º 2, da LO 01/01, de 14/08, "em caso de dissolução, o órgão autárquico resultante de eleições intercalares completa o mandato do anterior".

10 – A dissolução do órgão ou a perda de mandato do seu membro não prejudica o emprego dos meios administrativos para corrigir as irregularidades que lhe subjazeram nem a responsabilidade criminal, civil ou disciplinar que dessas irregularidades eventualmente advenha.

ARTIGO 10.º
Causas de não aplicação da sanção

1 – Não haverá lugar à perda de mandato ou à dissolução de órgão autárquico ou de entidade equiparada quando, nos termos gerais de direito, e sem prejuízo dos deveres a que os órgãos públicos e seus membros se encontram obrigados, se verifiquem causas que justifiquem o facto ou que excluam a culpa dos agentes.

2 – O disposto no número anterior não afasta responsabilidades de terceiros que eventualmente se verifiquem.

1 – Estabelece as causas justificativas e exculpativas das sanções como excludentes da aplicação da sanção. Como estamos no domínio de direito sancionatório as respectivas sanções hão-de ser afastadas por via das causas justificativas ou exculpativas, como é de regra geral em qualquer ramo de direito sancionatório. A verificação das causas há-de fazer-se através de qualquer meio de prova em direito admissível.

Despiciendo se torna referir que as causas justificativas ou exculpativas funcionam alternativamente, como a disjuntiva "ou" indica.

2 – Acrescentamos nós que, além da verificação dessas causas, pode ser excludente da aplicação das sanções a normal aplicação dos princípios gerais de direito, em primeiro lugar dos princípios constitucionais. Estamos a lembrar-nos, v. g., dos princípios da culpa e da proporcionalidade. Como se escreveu no ac. do STA de 09/01/02, rec. 48349, (Rui Pinheiro), "a decisão da perda de mandato há-de ser função da relevância da lesão da isenção e da imparcialidade, sob pena da subversão dos próprios desígnios expressos na Constituição da República, especialmente no Poder Local, considerando a curtíssima distância que o liga ao administrado, pelo que só um grau de culpa relativamente elevado sustentará a suspeição ou a reprovabilidade social da conduta, de tal modo que tornem o visado indigno do cargo. A gravidade da medida exige que seja métrica da culpa todo o circunstancialismo de espaço, tempo e modo em que os factos foram praticados, inseridos outrossim na personalidade global do seu autor".

"A decisão de aplicar a sanção de perda de mandato deve respeitar o princípio da culpa, conjugado com os da igualdade, da proporcionalidade, da justiça e da imparcialidade". (ac. do STA de 07/08/96, rec. 40775, Henriques Eiras).

Por outro lado, não deve prescindir-se de um rigoroso escrutínio dos fundamentos alegados já que se trata de "revogar" mandatos atribuídos pelo povo soberano e de "destituição" de órgãos em que o mesmo povo soberano corporizou a sua vontade. O poder local é um poder popular no sentido de democraticamente, por sufrágio directo, universal e secreto, outorgado aos eleitos locais. Daí a sua legitimidade, daí a sua força. A CRP exige, pois, uma leitura integrada que compatibilize as regras de autonomia do poder local, aqueles princípios e as normas substantivas e processuais de perda de mandato. A montante, especial exigência cabe ao M.º P.º na apreciação, ponderação e peneiração dos fundamentos para propositura de acção[10].

3 – Pese embora fosse dispensável dizê-lo, nos termos do n.º 2, as causas de não aplicação da sanção impedem a aplicação da sanção, todavia, não afastam as responsabilidades de terceiros, quer se trate de responsabilidade penal, responsabilidade civil ou responsabilidade disciplinar.

4 – "Importa ainda dizer que o *arrependimento* é um comportamento posterior atendível na dosimetria da pena visto relevar quanto á personalidade do agente, mas que não diminui em nada a sua culpa, (cfr., v. g., o ac. do STJ de 15/02/07, Proc. 07P003), nem se prende com qualquer causa de exclusão da ilicitude ou da culpa, e que não pode ser confundido com receio ou preocupação quanto ao desfecho do processo" (ac. do TCAN de 13/08/07, rec. 413/07, Medeiros de Carvalho).

5 – Falta de culpa: "Não age com culpa o titular de cargo político que não cumpriu atempadamente a obrigação legal de apresentação ao Tribunal Constitucional da sua declaração de rendimentos, património e cargos sociais, por motivo da perturbação da sua vida normal com que foi confrontado, por doença grave do foro oncológico do seu cônjuge e que, por essa razão, atenta a natural necessidade de lhe prestar apoio, protela o cumprimento dos deveres e responsabilidades a que está obrigado. Nestas circunstâncias, não pode julgar-se verificado o incumprimento culposo a que alude o n.º 1 do art. 3.º da L. 4/83." (TCAS de 29/11/07, rec. 3102/07, Cristina Santos)

ARTIGO 11.º
Decisões de perda de mandato e de dissolução

1 – As decisões de perda do mandato e de dissolução de órgãos autárquicos ou de entidades equiparadas são da competência dos tribunais administrativos de círculo.

---

[10] Veja-se, como exercício comparativo, que, por exemplo, em patamar de menor exigência, os órgãos da Região de Turismo do Douro Sul podiam ser dissolvidos pelo membro do Governo com tutela sobre o turismo, com os fundamentos enunciados no art. 11 do defunto DL 154/93, de 06/05, obviamente, por decisão fundamentada e em alguns casos precedendo inquérito ou sindicância, mas sem que seja necessária a intervenção do poder judicial. Pela simples razão de que, neste caso, não estávamos perante autarcia local.

Da Perda de Mandato Autárquico 53

2 – As acções para perda de mandato ou de dissolução de órgãos autárquicos ou de entidades equiparadas são interpostas pelo Ministério Público, por qualquer membro do órgão de que faz parte aquele contra quem for formulado o pedido, ou por quem tenha interesse directo em demandar, o qual se exprime pela utilidade derivada da procedência da acção.

3 – O Ministério Público tem o dever funcional de propor as acções referidas nos números anteriores no prazo máximo de 20 dias após o conhecimento dos respectivos fundamentos.

4 – As acções previstas no presente artigo só podem ser interpostas no prazo de cinco anos após a ocorrência dos factos que as fundamentam.

1 – As acções correm agora, depois da reforma de 2004 do contencioso administrativo, nos Tribunais Administrativos (cfr art. 44, n.º 1, do ETAF).

2 – O n.º 2 fixa a legitimidade activa para propositura de acções de perda de mandato ou de dissolução de órgão autárquico ou de entidades equiparadas. Cabe tal legitimidade activa (1) ao M.º P.º, em exercício da acção pública, no exercício de um poder-dever funcional, sem qualquer limite; (2) a qualquer membro do órgão de que faz parte aquele contra quem for formulado o pedido, também sem qualquer restrição; esta situação só abrangerá as acções de perda de mandato, como resulta da literalidade da redacção, com o que o membro do órgão não poderá pedir a dissolução do órgão de que faz parte[11]. (3) a quem tenha interesse directo (e não meramente mediato) em demandar, interesse esse que se exprime pela utilidade, benefício ou vantagem, de natureza patrimonial ou não patrimonial, derivada da procedência da acção. Atente-se em que se fala em interesse e não em direito. E não se trata aqui de uma acção popular. Sobre legitimidade activa consulte-se o ac. do TCAN de 08/06/06, rec. 461/05, Medeiros de Carvalho. Aí se faz notar ainda "que alegados interesses quanto a tutela do bom nome e imagem não legitimam o lançar mão deste tipo de acção, não constituindo a sua procedência meio útil que permita satisfazer o interesse directo na demanda".

---

[11] Mas poderá demitir-se do órgão e, depois, demonstrando interesse directo em demandar propor acção como qualquer interessado.

54   *Ernesto Vaz Pereira*

3 – A actuação do M.° P.° pode ser despoletada por participação de quem quer que seja. Mas, atenção, "o Ministério Público, ao intervir, no contencioso constitucional ou no contencioso administrativo, em defesa da legalidade democrática, actua com autonomia e tendo em consideração o interesse público, mesmo quando o faz por solicitação ou sugestão de um particular ou de um órgão funcionário ou agente da Administração Pública" (Parecer do CC da PGR de 15/04/99, DR II, 03/12/99)[12]

4 – O prazo fixado para o M.° P.° tem natureza meramente ordenadora ou disciplinar. Como linearmente se infere da atribuição de um dever funcional ao M.° P.°. Nesta perspectiva a violação do dever acarretará tãosomente sanções de carácter disciplinar e não sanções ou cominações de ordem processual. Nomeadamente, não extingue o direito de accionar, o que só acontece nos termos do n.° 4.

O prazo referido só se começa a contar, como é óbvio, a partir da data em que o M.°P.° tem na mão todos os elementos necessários à propositura da acção. Antes dessa propositura, o M.° P.° instaurará um denominado "processo administrativo" para onde carreará todo o material probatório necessário a saber da existência ou não de fundamentos para a instauração da acção.

Despiciendo se torna referir que no iter do "processo administrativo" tem plena validade o princípio da concentração dos actos processuais, o que obriga, logo após ao registo e autuação da "denúncia" dos factos susceptíveis de integrarem aqueles fundamentos, ao despacho de realização imediata de todas as diligências necessárias ao apuramento dos fundamentos (cfr ac. do TCAN de 08/03/07, rec. 110/06.0BEBRG).

5 – Porque está a agir em nome próprio, o M.°P.° na propositura destas acções goza de isenção subjectiva de custas, como se estabelece no art. 2, n.° 1, al. a), do CCJ, o que deve ser referido na sua petição inicial.

6 – Para obtenção dos necessários documentos e informações que suporte a propositura da acção e sirvam de meios de prova podem os particulares e o M.° P.° prevalecerem-se do processo de intimação para a prestação de informações, consulta de processos ou passagem de certidões, previsto nos arts 104 a 108 do CPTA.

---

[12] Sobre o âmbito da intervenção do M.° P.° no contencioso administrativo, v. circular n.° 8/90, de 23/07, da PGR.

Da Perda de Mandato Autárquico 55

7 – O n.º 4 estabelece um prazo de caducidade do direito de acção que fixa temporal e objectivamente em cinco anos a partir da ocorrência dos factos que as fundamentam. Tem na base, como todas as situações de caducidade, a segurança jurídica. Decorrido o prazo extingue-se o direito de acção.

Com as petições iniciais de acções de perda de mandato devem seguir certidão da acta da assembleia de apuramento geral, comprovativa da eleição do autarca, certidão da acta de instalação do órgão autárquico, e, se for caso disso, certidão de acta comprovativa da assunção de funções por substituição de outro eleito.

8 – "Nos termos prescritos nos n.ºs 3 e 4 do art. 11.º da L. 27/96, de 01/08, o M.º P.º desfruta do prazo de cinco anos para propor acções de perda de mandato de órgãos autárquico e não apenas do prazo de 20 dias". Ac. do STA de 06/02/01, rec. 47037, Diogo Fernandes).

9 – "Torna-se superveniente inútil a lide na acção de perda de mandato fundamentada em grave ilegalidade, subsumível no disposto no art.70, n.º 1, do DL 100/84, de 29/03, quando tenha expirado o mandato no decurso do qual tinham sido cometidas as irregularidades e, da declaração de perda de mandato, não possa relevar, ao abrigo do aludido regime legal, qualquer efeito de inelegibilidade ou outra consequência jurídica susceptível de se repercutir nos mandatos subsequentes". (ac. STA de 19/03/96, rec. 31789, Fernandes Cadilha).

Mas, "não se verifica a inutilidade superveniente da lide na acção de perda de mandato, quer face à L. 27/96, de 01/08, quer face à L. 87/89, de 09/09, se se mantém o interesse por parte do M.º P.º, autor da acção, que, como consequência da perda de mandato, possa subsistir a medida acessória de impedimento para os RR de fazer parte da Comissão Administrativa referida quer no art. 13, n.ºs 1 e 2, e 14, n.º 1, da L. 87/89, quer no art. 12, n.º 1, da L. 27/96. A inutilidade superveniente da lide tem de ser apurada face aos pressupostos de facto e de direito existentes no momento em que o tribunal aprecia a sua relevância, sem ter em conta ulteriores desenvolvimentos factuais futuros, ainda que previsíveis". (ac. STA de 06/08/97, rec. 42604, Marques Borges).

À inutilidade superveniente da lide pode também obstar a alegação do M.º P.º, como autor, de que, na manutenção do interesse em agir, a acção deve prosseguir para impedir o efeito de contagem desse tempo como tempo de reforma antecipada, para impedir a bonificação ou majoração do tempo de serviço, para obstar à concessão de subsídio de reintegração, etc.

10 – "Consistindo o fim da presente acção de dissolução a obtenção duma sentença que ponha termo às funções dos membros da Assembleia Municipal de ..., antes de esgotada a duração normal do respectivo mandato, se este ocorreu naturalmente pelo decurso do respectivo prazo e na sequência de novo acto eleitoral, parece óbvio que o fim visado com a propositura da presente acção se tornou objectivamente impossível, uma vez que não é possível pôr termo àquilo que já terminou. Deste modo, ao declarar a extinção da instância, por inutilidade superveniente da lide, pelo facto de a Assembleia Municipal de .... "ter logrado emendar caminho, funcionado agora regularmente", e não a extinção da instância por impossibilidade superveniente da lide, pelo facto de, entretanto, terem ocorrido novas eleições para os órgãos autárquicos, que determinaram o fim do mandato do órgão cuja dissolução era pedida, tornando a lide impossível, a sentença recorrida fez incorrecta aplicação do artigo 287, al. e), do CPC" (ac. do STA de 18/03/09, rec. 4840/09, Rui Pereira).

11 – "Não há identidade de pedidos entre duas causas com fundamento nos mesmos factos e com intervenção dos mesmos sujeitos, se numa delas, a primeira, se pede a declaração de perda do mandato actual e, na outra, a do mandato anterior". (ac. STA de 27/06/96, rec. 40477, Edmundo da Silva).

12 – "Implica alteração do pedido inicial de perda de mandato, a substituição daquele por outro de perda do mesmo mandato mas referido a período de tempo diferente. Tal alteração de pedido, na falta de acordo das partes, não é de admitir na referida acção, uma vez que a mesma, sujeita como se encontra ao formalismo processual dos recursos dos actos da administração local (art. 15, n.º 2, da L. 27/96 e art. 11, n.º 1, da L. 87/89) não comporta articulado correspondente ao da réplica (art. 273, n.º 2, do CPC). Não constituem, pois, as alegações produzidas em tal acção ao abrigo do art. 848 do C. Administrativo, o momento próprio para alterar o pedido nos termos já referidos" (ac. STA de 01/07/97, rec. 42281, Gouveia e Melo).

13 – Caso de interesses antagónicos entre a AM e a CM de um dado Município e em que o M.º P.º accionou a AM e o Município para dissolução da AM: "Se a utilidade derivada da procedência da acção é a que melhor se ajusta aos interesses do réu, – no caso o Município de ... – ou seja, dito de outro modo, se o interesse que o mesmo visava prosseguir se identifica muito mais com o interesse prosseguido pelo autor (M.º P.º) do que com o da co-ré Assembleia Municipal, aquele réu não tem interesse

directo em contradizer. O artigo 10 do CPTA que genericamente regula a legitimidade passiva, contém uma norma, – o n.° 6 –, de natureza excepcional, que encontra a sua justificação na circunstância do litígio eclodir entre órgãos da mesma pessoa colectiva pública e não ser viável demandar a própria pessoa colectiva pública a que ambos os órgãos se encontram adstritos. É esse n.° 6 do art. 10.° do CPTA que dispõe que nos processos respeitantes a litígios entre órgãos da mesma pessoa colectiva a acção é proposta contra o órgão cuja conduta deu origem ao litígio – a norma que melhor se adequa ao caso dos presentes autos, evitando deste modo colocar na posição de demandado quem tem manifestamente tanto interesse quanto o autor em ver a acção ser julgada procedente, sem que contra isso constitua obstáculo a "intermediação" do Ministério Público na propositura da acção, posto que tal posição processual resulta "ope legis" do art. 11, n.° 2, da L. 27/96". (ac. do STA, Rui Pereira, de 18/03/09, rec. 4840/09)

Artigo 12.°

Efeitos das decisões de perda de mandato e de dissolução

1 – Os membros de órgão dissolvido ou os que hajam perdido o mandato não podem fazer parte da comissão administrativa a que se refere o n.° 1 do artigo 14.°

2 – No caso de dissolução do órgão, o disposto no número anterior não é aplicável aos membros do órgão dissolvido que tenham votado contra ou que não tenham participado nas deliberações, praticado os actos ou omitido os deveres legais a que estavam obrigados e que deram causa à dissolução do órgão.

3 – A renúncia ao mandato não prejudica o disposto no n.° 1 do presente artigo.

4 – A dissolução do órgão deliberativo da freguesia ou da região administrativa envolve necessariamente a dissolução da respectiva junta.

1 – A perda de mandato obriga necessariamente à recomposição do órgão. A recomposição efectua-se nos termos da regra geral de "preenchimento de vagas" fixada no art. 79 da L. 169/99, sendo que "1 – As vagas ocorridas nos órgãos autárquicos são preenchidas pelo cidadão imediatamente a seguir na ordem da respectiva lista ou, tratando-se de coligação,

pelo cidadão imediatamente a seguir do partido pelo qual havia sido proposto o membro que deu origem à vaga. 2 – "Quando, por aplicação da regra contida na parte final do número anterior, se torne impossível o preenchimento da vaga por cidadão proposto pelo mesmo partido, o mandato é conferido ao cidadão imediatamente a seguir na ordem de precedência da lista apresentada pela coligação".

2 – Subsequentemente à dissolução da assembleia de freguesia, da assembleia regional, (v. art. 12, n.º 4), ou da Câmara municipal é designada uma comissão administrativa, com funções executivas, nos termos e com a composição numérica referidos no n.º 1 do art. 14. Todavia, dessa comissão não podem fazer parte os membros cuja perda de mandato se decretou ou os membros do órgão acabado de dissolver, excepcionando-se, neste caso, os "membros do órgão dissolvido que tenham votado contra ou que não tenham participado nas deliberações, praticado os actos ou omitido os deveres legais a que estavam obrigados e deram causa à dissolução do órgão". A sua exclusão da comissão administrativa não é mais do que uma extensão ou prolongamento da sanção acabada de decretar, de forma a dar imediata utilidade à decisão tomada terminando com a negatividade dos membros sancionados.

3 – O n.º 3 visa impedir que mediante um estratagema de renúncia ao mandato se driblasse a proibição consagrada no n.º 1.

4 – A dissolução da assembleia de freguesia e da assembleia regional envolve necessariamente a dissolução do correspondente órgão executivo, respectivamente, junta de freguesia e junta regional. Mas já a dissolução da junta de freguesia não envolve necessariamente a dissolução da assembleia de freguesia. Por isso, se dissolvida a junta de freguesia, esta recompõe-se, com a subida para presidente da junta do elemento que se segue na lista mais votada e com a subsequente eleição em "primeira reunião" dos vogais, nos termos do art. 9 da L. 169/99.

Artigo 13.º

Inelegibilidade

A condenação definitiva dos membros dos órgãos autárquicos em qualquer dos crimes de responsabilidade previstos e definidos na Lei n.º 34/87, de 16 de Julho, implica a sua inelegibilidade nos actos elei-

torais destinados a completar o mandato interrompido e nos subsequentes que venham a ter lugar no período de tempo correspondente a novo mandato completo, em qualquer órgão autárquico.

1 – Condenação definitiva significa condenação por decisão judicial transitada em julgado. Para o caso é indiferente a natureza da pena aplicada. Mas é decisivo o tipo legal de crime, a saber, "crimes de responsabilidade previstos e definidos na Lei n.° 34/87, de 16 de Julho", e só esses.

2 – Quando se refere "em qualquer órgão autárquico" quer abranger-se a assembleia de freguesia, a junta de freguesia, a câmara municipal e a assembleia municipal (cfr art. 2 da L. 169/99).

3 – Esta inelegibilidade tanto vale para as eleições intercalares destinadas a eleger quem vai completar o mandato como para os actos eleitorais normais que tiverem lugar no período de quatro anos após a condenação. Período de quatro anos porque, nos termos do art. 220, n.° 1, da LO n.° 01/01, o mandato dos órgãos autárquicos é de quatro anos. Com o que lei impõe sempre um período de nojo de quatro anos.

As eleições intercalares são assim denominadas porque ocorrem a meio do mandato e visam eleger os que vão completar tal mandato.

4 – A L. 34/87 vai transcrita a final.

Artigo 14.°
Processo decorrente da dissolução de órgão

1 – Em caso de dissolução do órgão deliberativo de freguesia ou de região administrativa ou do órgão executivo municipal, é designada uma comissão administrativa, com funções executivas, a qual é constituída por três membros, nas freguesias, ou cinco membros, nas câmaras municipais e nas regiões administrativas.

2 – Nos casos referidos no número anterior, os órgãos executivos mantêm-se em funções até à data da tomada de posse da comissão administrativa.

3 – Quando a constituição do novo órgão autárquico envolver o sufrágio directo e universal, o acto eleitoral deve ocorrer no prazo máximo de 90 dias após o trânsito em julgado da decisão de dissolução, salvo se no mesmo período de tempo forem marcadas eleições gerais para os órgãos autárquicos.

4 – Compete ao Governo, mediante decreto, nomear a comissão administrativa referida no n.° 1, cuja composição deve reflectir a do órgão dissolvido.

1 – Como se viu no art. 12, n.° 4, a dissolução da assembleia de freguesia ou da assembleia regional acarretam sempre a queda, por dissolução necessária, da junta de freguesia ou da junta regional, respectivamente. Para suprimento do vazio de poder executivo, daí decorrente, é designada uma comissão administrativa, com funções executivas, com as referidas formações. O mesmo acontece quando é dissolvida a câmara municipal.

Até à designação da comissão administrativa, o funcionamento do órgão executivo visa tão só a gestão dos "assuntos inadiáveis e correntes" e "é assegurado pelos seus membros em exercício, constituídos automaticamente em comissão administrativa presidida pelo membro melhor posicionado na lista mais votada", como o determina o art. 223, n.° 2, da L. O. 01/01.

2 – A L. 47/05, de 29/08 veio estabelecer o regime de gestão limitada dos órgãos das autarquias locais e seus titulares e também das suas comissões administrativas (art. 1.°, n.° 3). No que às comissões administrativas tange, o seu art. 4, afirma que "dispõem de competências executivas limitadas á prática de actos correntes e inadiáveis, estritamente necessários para assegurar a gestão da autarquia". E, em caso de dissolução ou extinção do órgão deliberativo, excepcionalmente, com parecer prévio da CCDR, a emitir em 10 dias, podem "deliberar sobre matérias da competência deste desde que razões de relevante e inadiável interesse público autárquico o justifiquem". A falta desse parecer acarreta a nulidade da decisão.

3 – A L. 47/05 vai transcrita a final.

4 – O n.° 4 estabelece a competência do Governo para a nomeação da comissão administrativa. Todavia, o art. 223, n.° 1, da LO 01/01, veio depois estabelecer que "sempre que haja lugar á realização de eleições intercalares é nomeada uma comissão administrativa cuja designação cabe ao Governo, no caso do município, e ao governador civil, no caso da freguesia". Com o que, mantendo-se a competência do Governo para designar a comissão administrativa para o município e para a região, se altera a L. 27/96, entregando-se, a partir de então, a competência para a nomeação da comissão administrativa para a freguesia ao governador civil, certamente em obediência aos ditames da descentralização e presumivelmente porque "de minimis non curat praetor".

Da Perda de Mandato Autárquico　　61

5 – Quando no n.º 4 se diz que a "composição deve reflectir a do órgão dissolvido" quer significar que, na medida da proporção, as listas ou partidos devem continuar a ter os mesmos elementos. A composição relativa da comissão terá de ser a mesma do órgão executivo dissolvido. A regra vale para todos os casos de nomeação da comissão administrativa.

6 – O art. 224 da LO 01/01, veio reiterar, no n.º 1, que a comissão administrativa é composta por três membros, no caso de freguesia, e por cinco membros, no caso de município. E insiste na manutenção dos pesos relativos de cada lista ou partido, repetindo, no n.º 2, que "na designação dos membros da comissão administrativa devem ser tomados em consideração os últimos resultados eleitorais verificados na eleição do órgão deliberativo em causa".

7 – As regiões administrativas ainda não se mostram instituídas, num bom exemplo de incumprimento por omissão da CRP. A CRP dedica-lhe contudo, o Capítulo IV do Título VII, arts 255 a 262, estabelecendo como órgão executivo colegial da região a junta regional e como seu órgão deliberativo a assembleia regional.

ARTIGO 15.º
Regime processual

1 – As acções para declaração de perda de mandato ou de dissolução de órgãos autárquicos ou entidades equiparadas têm carácter urgente.

2 – As acções seguem os termos dos recursos dos actos administrativos dos órgãos da administração local, com as modificações constantes dos números seguintes.

3 – O oferecimento do rol de testemunhas e o requerimento de outros meios de prova devem ser efectuados nos articulados, não podendo cada parte produzir mais de 5 testemunhas sobre cada facto nem o número total destas ser superior a 20.

4 – Não há lugar a especificação e questionário nem a intervenção do tribunal colectivo, e os depoimentos são sempre reduzidos a escrito.

5 – É aplicável a alegações e a prazos o preceituado nos n.ºs 2 e 3 do artigo 60.º do Decreto-Lei n.º 267/85, de 16 de Julho.

6 – Somente cabe recurso da decisão que ponha termo ao processo, o qual sobe imediatamente e nos próprios autos, com efeito sus-

pensivo, e, dado o seu carácter urgente, deve ainda ser observado no seu regime o disposto nos n.ºs 1 e 2 do artigo 115.º do Decreto-Lei n.º 267/85, de 16 de Julho.

7 – As sentenças proferidas nas acções de perda de mandato ou de dissolução de órgão são notificadas ao Governo.

8 – Às acções desta natureza é aplicável o regime de custas e preparos estabelecido para os recursos de actos administrativos.

1 – Sendo classificadas com carácter urgente quer isso dizer que correm termos nos períodos de férias judiciais. Estas estão agora fixadas entre os dias 22 de Dezembro a 3 de Janeiro, de domingo de Ramos a segunda-feira de Páscoa e de 1 a 31 de Agosto, nos termos do art. 12 da L. 3/99, de 13/01, na redacção da L. 42/05, de 29/08.

Não confundir férias judiciais, legalmente fixadas nos ditos períodos, com as férias pessoais dos magistrados que podem ou não coincidir com aquelas.

2 – O n.º 2 remete para os termos dos recursos dos actos administrativos dos órgãos da administração local, ou seja, antes da novel reforma do contencioso administrativo, para os termos dos arts 24 e segs da LPTA. A dita reforma revogou expressamente a LPTA, através do art. 6, al. e), da L. 15/02, de 22/02, que aprovou o CPTA, pelo que agora as acções de perda de mandato ou de dissolução de órgão, no que não estiver especialmente regulado, seguirão subsidiariamente os termos da impugnação urgente de contencioso eleitoral e, depois, da acção administrativa especial.

Eis o cronograma do iter da acção: petição inicial, com indicação dos meios probatórios, nomeadamente, apresentação do rol até cinco testemunhas sobre cada facto, num máximo total de 20; contestação, com indicação de meios probatórios, "maxime", rol até cinco de testemunhas por cada acto, num máximo total de 20, em 5 dias; este prazo de cinco dias é o prazo fixado no art. 99, n.º 3, al. a), do CPTA aqui aplicável subsidiariamente; marcação de inquirições, se for caso disso, com redução dos depoimentos a escrito ou registo em meios video/audio. Em interpretação necessariamente actualista da lei, já que aquando da sua publicação não se poderia ter previsto a gravação por os tribunais não disporem dos meios técnicos imprescindíveis para o efeito, nada impede que em vez de "reduzidos a escrito" melhor seja gravá-los. O registo por meios áudio/vídeo é um "plus" em relação ao mero registo escrito dos depoimentos. Tal registo melhor permite a imediação. E mais consistência e eficácia dá ao duplo grau de jurisdição (cfr 522-A, n.° 2, do CPC). Mister é que fiquem registados para a posteridade com o fim de a dupla jurisdição funcionar e de o tribunal "ad quem" escrutinar/sindicar o julgamento da matéria de facto. À inquirição de testemunhas residentes fora da área de jurisdição do tribunal deve ser feita através de teleconferência[13]. A omissão do registo, escrito ou áudio/vídeo, dos depoimentos pode consubstanciar nulidade processual, com regime previsto no art. 201 do CPC. Alegações pelas partes, no prazo de cinco dias, ut art. 99, n.° 3, al. a) do CPTA, no caso de ter havido produção de prova (cfr art. 60, n.° 2, da LPTA); Decisão proferida por juiz singular. Não há recurso de despachos interlocutórios (art. 142, n.° 5, do CPTA); o recurso da decisão final sobe imediatamente e nos próprios autos, tem efeito suspensivo e o requerimento de interposição deve ser acompanhado das respectivas alegações e conclusões (144, n.° 2, e 146, n.° 4, do CPTA e 690 do CPC). Mas continua a ser sustentável a tese de que a apresentação das alegações após o requerimento de interposição do recurso, mas ainda dentro do prazo de recurso, não gera a deserção de recurso. Configurando-se como processo urgente o prazo de interposição de recurso é de 15 dias seguidos, a contar da notificação da decisão recorrida, nos termos do art. 147, n.° 1, do CPTA (ac. do TCAN de 27/09/07, rec. 190/07, Céu Neves). Notificação da decisão transitada em julgado ao Governo, através de comunicação ao gabinete do Primeiro-Ministro.

A lei processual subsidiariamente aplicável é agora o CPTA e legislação conexa. Antes era a LPTA e legislação conexa.

3 – No que à falta de contestação concerne dispõe o art. 83, n.° 4, do CPTA que "(…), a falta de contestação ou a falta nela de impugnação especificada não importa confissão dos factos articulados pelo autor, mas o tribunal aprecia livremente essa conduta para efeitos probatórios".

4 – Ainda em relação ao registo dos depoimentos, escreve-se no ac. da RC de 09/02/99, in CJ 1999 – I – 30, Artur Dias, que "a regra no registo dos depoimentos é a da gravação, só sendo admitida a sua redução a escrito no caso da impossibilidade daquela ter lugar. Esta impossibilidade deve ser justificada por despacho, já que a gravação faculta uma mais eficaz reapreciação da prova e a sua falta é susceptível de influir no exame ou na decisão da causa, gerando, por isso, nulidade processual. Nulidade essa que não é do conhecimento oficioso e que deve ser considerada sanada se não for

---

[13] Ac. do TCA de 17/01/02, rec. 11024/01, Coelho da Cunha.

arguida em prazo e apenas perante o tribunal da 1ª instância que proferiu a decisão". Porque, "para o legislador, a gravação oferece maiores garantias de fidedignidade, facultando uma mais eficaz reapreciação da prova. O que bem se compreende se se tiver presente que no caso de redução a escrito a redacção do depoimento é ditada pelo juiz (art 522-A do CPC), enquanto no caso de gravação, havendo que reapreciar a prova, a transcrição dos depoimentos, a cargo do recorrente (art. 690-A, n.º 2, do CPC), terá de respeitar integralmente a maneira de falar da testemunha, as expressões por ela usadas, os erros e contradições, etc".

5 – O valor da acção será de 30 000.01 €, ut art 34, n.ºs 1 e 2 do CPTA e 24, n.º 1, da L. 3/99, de 13/01, na redacção do DL 303/07, de 24/08.

6 – As acções de perda de mandato e de dissolução de órgão estão sujeitas a custas. É o que se extrai do n.º 8, ao mandar aplicar o regime de custas e preparos estabelecidos para os recursos de actos administrativos, ou seja, para as acções administrativas especiais. O art. 73-C, n.º 2, al. a), do CCJ só vale para os processos expressamente designados de contencioso eleitoral pelo CPTA, cuja tramitação está prevista nos arts 97 a 99 desse diploma.

7 – Segundo o art. 21 da L. 29/87, de 30/06, "constituem encargos a suportar pelas autarquias respectivas as despesas provenientes de processos judiciais em que os eleitos locais sejam parte, desde que tais processos tenham tido como causa o exercício das respectivas funções e não se prove dolo ou negligência por parte dos eleitos". Tal dispositivo deve articular-se com o disposto na al. q), do n.º 1, do art. 5.º, do mesmo diploma legal, onde se estabelece, de entre os direitos dos eleitos locais, o "apoio nos processos judiciais que tenham como causa o exercício das respectivas funções". As despesas que constituem encargo da autarquia só poderão ser apuradas no termo da causa, visto que só nesse momento se torna exigível o apoio judiciário por parte da autarquia, em função do julgado quanto ao carácter não culposo da actuação do eleito local e do seu nexo causal com o exercício do cargo (acs do STA de 12/06/07, rec. 686/06, João Belchior, e do STA de 01/05/96, rec. 38205, aí citado sem indicação do relator).

8 – Como é óbvio, antes do trânsito em julgado a sentença de perda de mandato não produz qualquer efeito. Uma decisão judicial considera-se passada ou transitada em julgado logo que não seja susceptível de recurso ordinário ou de reclamação (cfr art. 677 do CPC).

Da Perda de Mandato Autárquico 65

9 – O recurso da sentença impugnando de facto e de direito é interposto para o TCA territorialmente competente. O respectivo TCA conhece de facto e de direito, nos termos dos arts 140 e 149 do CPTA.

10 – Pagamento de despesas aos eleitos locais em processos de perda de mandato:

"O apoio a conceder aos eleitos locais pelas respectivas autarquias, nos termos dos artigos 5, n.º 1, al. o), e 21, ambos da L. 29/87, de 30/06, depende da verificação cumulativa de dois pressupostos: por um lado, que o acto que deu origem ao processo judicial e às inerentes despesas tenha sido praticado pelo eleito local no exercício das suas funções e por causa delas, e, por outro, que não se prove que esse acto foi praticado com dolo ou negligência. O apoio referido na conclusão anterior abrange as despesas relativas aos processos criminais em que os eleitos locais sejam arguidos. Só após a decisão final poderá apurar-se se estão preenchidos os pressupostos de que depende a concessão do apoio, pelo que só então deverá ser proferida a respectiva decisão". (São as conclusões do Parecer do CC da PGR de 24/07/08). Na mesma peça se lê que "não é necessário que o eleito local se mantenha em funções à data em que o pagamento das despesas deva ser feito, uma vez que a razão de ser do preceito legal em causa é precisamente o ressarcimento das despesas feitas com os processos judiciais relacionados com o exercício das respectivas funções, independentemente de serem julgados, e mesmo instaurados, durante ou após o exercício de funções".

17 – A notificação ao Governo das sentenças tem como finalidade que o órgão de tutela conheça o que se passa nos órgãos tutelados. Não tem o Governo, nos casos de perda de mandato, em regra, que desencadear qualquer acção ou procedimento face a tal sentença. A vida interna do órgão autárquico processa-se dentro desse mesmo órgão onde, com a autonomia própria, são feitas as substituições necessárias. Mas nos casos de dissolução do órgão executivo do Município cabe ao Governo, mediante Decreto, nomear a comissão administrativa, nos termos do art. 223, n.º 1, da LO n.º 01/01.

Artigo 16.º
Aplicação às Regiões Autónomas

O regime da presente lei aplica-se às Regiões Autónomas, sem prejuízo da publicação de diploma que defina os órgãos competentes para o exercício da tutela administrativa.

Artigo 17.º
Norma transitória

1 – Sempre que o regime consagrado no presente diploma se revele em concreto mais favorável ao réu, o mesmo é de aplicação imediata aos processos com decisões não transitadas em julgado, inclusive no que diz respeito à apreciação dos respectivos fundamentos.

2 – Para efeitos de aplicação do disposto no número anterior, qualquer das partes pode requerer a baixa do processo ao tribunal de 1.ª instância para efeitos de novo julgamento.

3 – O disposto no número anterior aplica-se aos processos pendentes no Tribunal Constitucional.

1 – Para a história se imporá dizer que o regime em concreto mais favorável ao réu tinha de ser encontrado entre o resultante deste diploma e o resultante da lei que o antecedeu, a L. 87/89, de 09/09. A reanálise dos factos em novo julgamento só valia em relação aos processos pendentes.

Artigo 18.º
Norma revogatória

1 – É revogada a Lei n.º 87/89, de 9 de Setembro, bem como todas as disposições especiais que prevejam fundamentos de perda de mandato ou de dissolução de órgãos autárquicos por remissão para o regime de tutela administrativa estabelecido por aquele diploma.

2 – O disposto no número anterior não prejudica as competências legalmente atribuídas ao governador civil.

Aqui só se revogam as normas que previssem fundamentos de perda de mandato ou de dissolução de órgãos autárquicos por remissão para o regime de tal diploma. Nunca por aqui se pode, pois, a título de exemplo, considerar revogados os arts 25 e 29 da L. 34/87 que também prevêem fundamentos de perda de mandato ou os arts da L. 4/83.

Aprovada em 27 de Junho de 1996.

O Presidente da Assembleia da República, *António de Almeida Santos*.

Promulgada em 19 de Julho de 1996.

Publique-se.

O Presidente da República, Jorge Sampaio.

Referendada em 23 de Julho de 1996.

O Primeiro-Ministro, *António Manuel de Oliveira Guterres*.

REMISSÕES PARA ARTIGOS E SUAS ANOTAÇÕES[14]

Arrependimento – 10.°
Assembleias distritais – 1.°
Associações de freguesias de direito público – 1.°
Associações de municípios de direito público – 1.°
Associações de municípios de fins específicos – 1.°
Associativismo municipal – 1.°
Autarquias locais – 1.°
Áreas metropolitanas – 1.°; 9.°
Causas justificativas ou exculpativas – 8.°; 10.°
CIM – 1.°
Comissão Administrativa – 14.°
Conselho de Prevenção da Corrupção – 3.°; 4.°; 8.°
Contrato de direito público ou privado – 8.°
Contrato de adesão – 8.°
Convocatórias – 8.°
Crimes de responsabilidade dos titulares de cargos políticos – 4.° 8.°
Custas – 8.°
Declarantes – 3.°
Denúncia anónima – 3.°
Dever de comparência – 8.°
Deveres de informação e cooperação – 4.°
Dissolução de órgão – 7.°; 9.°
Distrito – 1.°
Efeitos das decisões de perda de mandato e de dissolução – 12.°
Eleições intercalares – 8.°; 9.°
Extinção da instância – 8.°
Faltas – 8.°
Governador Civil – 1.°; 5.°
IGAL – 3.°
Ilegalidade grave – 8.°; 9.°
Impedimentos – 8.°

---

[14] Não se trata aqui de um índice remissivo com carácter exaustivo. Estas remissões constituem tão só um auxiliar para início de leitura, pelo que, em relação aos temas elencados, outras referências se poderão encontrar em outros artigos e anotações.

Incumprimento de decisão judicial -9.º
Inelegibilidades – 8.º; 13.º
Inerência em cargo na assembleia municipal – 8.º
Inquéritos – 3.º
Interesse – 8.º
Interesse em agir – 8.º
Inspecções – 3.º; 6.º
Inutilidade superveniente – 11.º
Legitimidade processual – 11.º
Prazos – 11.º
M.º P.º – 5.º; 6.º; 8.º; 11.º
Orçamento -9.º
Parentesco – 8.º
Perda de mandato – 1.º; 7.º; 8.º
Planos – 9.º
Plenário de eleitores – 9.º
Princípio da culpa – 7.º; 8.º; 9.º
Princípio do contraditório – 6.º
Princípio da proporcionalidade – 8.º
Processo aplicável – 15.º
Queixa electrónica – 3.º
Regime de gestão limitada – 14.º
Responsabilidade disciplinar e criminal – 4.º
Regiões administrativas – 1.º
Regiões Autónomas – 16.º
Renovação de mandatos – 8.º
Renúncia do mandato – 7.º
Revelia – 8.º
Riqueza dos titulares de cargos políticos – 8.º
Sanções – 7.º;
Suspensão do mandato – 7.º
Testemunhas – 3.º
Titularidade dos poderes de tutela – 5.º
Tutela administrativa âmbito – 1.º
Tutela administrativa objecto – 2.º
Sindicâncias – 3.º
Vantagem patrimonial – 8.º
Vereadores – 8.º

LEGISLAÇÃO

Nota Prévia: A transcrição dos diplomas legais infra é meramente indicativa e informativa, por isso vai amputada das indicações tabelares das datas de aprovação, de promulgação e das respectivas assinaturas e de quadros não pertinentes, e não dispensa para trabalhos sobre as respectivas normas ou procedimentais ou processuais a consulta do "Diário da República", único texto fidedigno e que faz fé, nos termos do art. 1, n.º 5, da L. 74/98, de 11/11, republicada pela L. 42/07, de 24/08, pelo que, Editora e Autor, se não responsabilizam por eventuais erros de escrita ou de transcrição, outros lapsos ou omissões.

Decreto-Lei n.º 276/07
de 31 de Julho

Regime jurídico da actividade de inspecção da administração directa e indirecta do estado

No quadro das orientações definidas pelo Programa de Reestruturação da Administração Central do Estado (PRACE) e dos objectivos do Programa do Governo no tocante à modernização administrativa e à melhoria da qualidade dos serviços públicos com ganhos de eficiência, importa concretizar o esforço de racionalização estrutural consagrado nas novas leis orgânicas dos ministérios em relação aos diversos serviços da administração directa e indirecta do Estado com competências em matéria inspectiva.

Uma das vertentes do PRACE consistiu no reforço das funções de apoio à governação e das correspondentes soluções orgânicas.

De entre essas funções ressaltam as de inspecção. Estabilizadas as soluções organizativas, identificou -se a necessidade de aprovar um regime jurídico comum a toda a actividade de inspecção que, sem prejuízo

da necessidade de acautelar regimes específicos, decorrentes das exigências próprias de cada sector de actividade objecto de acções de inspecção, permita racionalizar e uniformizar um acervo de regras comuns a toda a actividade, designadamente em matérias relacionadas com os deveres de cooperação e colaboração com outras entidades, os procedimentos de inspecção, as garantias da actividade de inspecção, o regime de incompatibilidades e impedimentos do pessoal que exerce funções de inspecção e com a organização interna dos serviços de inspecção.

Assim:

Nos termos da alínea a) do n.º 1 do artigo 198.º da Constituição, o Governo decreta o seguinte

CAPÍTULO I
Disposições gerais

Artigo 1.º
Objecto

O presente decreto -lei estabelece o regime jurídico da actividade de inspecção, auditoria e fiscalização dos serviços da administração directa e indirecta do Estado aos quais tenha sido cometida a missão de assegurar o exercício de funções de controlo, interno ou externo.

Artigo 2.º
Designações

Para efeitos do presente decreto-lei, são adoptadas as seguintes designações:

a) «Actividade de inspecção», para designar a actividade de inspecção, auditoria e fiscalização desenvolvida pelos serviços da administração directa e indirecta do Estado aos quais tenha sido cometida a missão de assegurar o exercício de funções de controlo, interno ou externo;

b) «Serviço de inspecção», para designar os serviços da administração directa e indirecta do Estado aos quais tenha sido cometida a missão de assegurar o exercício de funções de controlo, interno ou externo;

c) «Pessoal de inspecção», para designar o pessoal dos serviços referidos na alínea anterior que exerça funções de inspecção, auditoria e fiscalização.

Artigo 3.º
Âmbito

1 – O presente decreto-lei aplica-se aos seguintes serviços de inspecção:

a) À Inspecção -Geral de Finanças;
b) À Inspecção -Geral da Administração Interna;
c) À Inspecção -Geral da Administração Local;

d) À Inspecção -Geral Diplomática e Consular;

e) À Inspecção -Geral da Defesa Nacional;

f) À Inspecção -Geral dos Serviços de Justiça;

g) À Inspecção -Geral do Ambiente e do Ordenamento do Território;

h) À Autoridade de Segurança Alimentar e Económica;

i) À Inspecção -Geral de Agricultura e Pescas;

j) À Inspecção -Geral das Obras Públicas, Transportes e Comunicações;

l) À Inspecção -Geral do Ministério do Trabalho e da Solidariedade Social;

m) À Autoridade para as Condições de Trabalho;

n) À Inspecção -Geral das Actividades em Saúde;

o) À Inspecção -Geral da Educação;

p) À Inspecção -Geral do Ministério da Ciência, Tecnologia e do Ensino Superior;

q) À Inspecção -Geral das Actividades Culturais.

2 – O presente decreto -lei aplica-se ainda:

a) Às unidades orgânicas da Secretaria-Geral da Presidência do Conselho de Ministros e da Secretaria-Geral do Ministério da Economia e da Inovação às quais sejam cometidas essas funções pelos respectivos diplomas orgânicos;

b) Ao Turismo de Portugal, I. P., no que respeita exclusivamente ao exercício das competências do respectivo Serviço de Inspecção de Jogos.

CAPÍTULO II
Actividade de inspecção

SECÇÃO I
Cooperação e colaboração com outras entidades

ARTIGO 4.º
Deveres de informação e cooperação pelas entidades inspeccionadas

1 – Os serviços da administração directa, indirecta e autónoma do Estado, bem como as pessoas singulares e colectivas de direito público e privado objecto de acção inspectiva, encontram -se vinculados aos deveres de informação e cooperação, designadamente fornecendo os elementos de

informação necessários ao desenvolvimento da actividade de inspecção, nos moldes, suportes e com a periodicidade e urgência requeridos.

2 – Os dirigentes e trabalhadores das entidades inspeccionadas têm o dever de prestar, no prazo fixado para o efeito, todos os esclarecimentos, pareceres, informações e colaboração que lhes sejam solicitados pelos serviços de inspecção.

3 – As entidades inspeccionadas devem dar conhecimento aos serviços de inspecção das medidas adoptadas na sequência das acções de inspecção, designadamente do resultado dos processos disciplinares instaurados em resultado delas.

4 – Para o cumprimento das suas atribuições é conferida aos serviços de inspecção a faculdade de solicitar aos serviços da administração directa e indirecta do Estado a afectação de pessoal técnico especializado para acompanhamento das acções de inspecção.

5 – A violação dos deveres de informação e de cooperação para com os serviços de inspecção faz incorrer o infractor em responsabilidade disciplinar e criminal, nos termos da legislação aplicável.

Artigo 5.º

Dever de colaboração e pedidos de informação

1 – As pessoas colectivas públicas devem prestar aos serviços de inspecção toda a colaboração por estes solicitada.

2 – Os serviços de inspecção podem solicitar informações a qualquer pessoa colectiva de direito privado ou pessoa singular, sempre que o repute necessário para o apuramento dos factos.

Artigo 6.º

Colaboração entre serviços de inspecção

Os serviços de inspecção têm o dever de colaborar entre si, de acordo com as respectivas atribuições e competências legais, utilizando para tal os mecanismos que se mostrem mais adequados.

Da Perda de Mandato Autárquico

ARTIGO 7.º
Colaboração com serviços congéneres

Os serviços de inspecção podem prestar colaboração aos serviços congéneres das regiões autónomas no âmbito material das suas atribuições.

SECÇÃO II
Procedimentos de inspecção

ARTIGO 8.º
Forma e planeamento das acções inspectivas

1 – As acções de inspecção são ordinárias ou extraordinárias, podendo assumir as formas de auditoria, inspecção, inquérito, sindicância e averiguações.

2 – O disposto no número anterior não prejudica a realização de outras formas de intervenção consagradas em legislação específica.

3 – Consideram -se ordinárias as acções de inspecção que constam de planos anuais elaborados pelo dirigente máximo do serviço inspectivo até 30 de Novembro do ano anterior àquele a que respeitam e aprovados pelo membro do Governo responsável pelo serviço.

4 – Consideram-se extraordinárias as acções de inspecção determinadas por despacho do membro do Governo responsável pelo serviço de inspecção ou pelo respectivo dirigente máximo.

ARTIGO 9.º
Regulamentos do procedimento de inspecção

Os regulamentos do procedimento de inspecção são aprovados por despacho do membro do Governo responsável pelo serviço de inspecção, mediante proposta do inspector-geral ou do dirigente máximo deste serviço.

ARTIGO 10.º
Autonomia técnica

Os dirigentes dos serviços de inspecção e o pessoal de inspecção gozam de autonomia técnica no exercício das tarefas de inspecção que lhes sejam confiadas.

Artigo 11.º
Princípio da proporcionalidade

No exercício das suas funções, os dirigentes dos serviços de inspecção e o pessoal de inspecção deve pautar a sua conduta pela adequação dos seus procedimentos aos objectivos da acção.

Artigo 12.º
Princípio do contraditório

1 – Os serviços de inspecção devem conduzir as suas intervenções com observância do princípio do contraditório, salvo nos casos previstos na lei.

2 – Os serviços de inspecção devem fornecer às entidades objecto da sua intervenção as informações e outros esclarecimentos de interesse justificado que lhe sejam solicitados, sem prejuízo das regras aplicáveis aos deveres de sigilo.

Artigo 13.º
Notificação e requisição de testemunhas ou declarantes

1 – Os titulares dos órgãos e serviços da administração directa e indirecta do Estado, bem como das empresas e estabelecimentos objecto de acção de inspecção podem ser notificados pelo inspector responsável pela acção de inspecção, para a prestação de declarações ou depoimentos que se julguem necessários.

2 – A comparência, para prestação de declarações ou depoimentos em acções de inspecção ou procedimentos disciplinares, de trabalhadores da administração directa e indirecta do Estado, bem como de outros trabalhadores do sector público, deve ser requisitada à entidade na qual exerçam funções.

3 – A notificação para comparência de quaisquer outras pessoas para os efeitos referidos no número anterior pode ser solicitada às autoridades policiais, observadas as disposições aplicáveis do Código de Processo Penal.

Da Perda de Mandato Autárquico 77

4 – Os serviços de inspecção devem fazer constar no seu relatório anual de actividades quaisquer obstáculos colocados ao normal exercício da sua actuação.

Artigo 14.º
Medidas preventivas

1 – Quando seja detectada uma situação de grave lesão para o interesse público, o dirigente máximo do serviço de inspecção pode determinar as providências previstas na legislação sectorial aplicável e que, em cada caso, se justifiquem adequadas para prevenir ou eliminar tal situação.

2 – A competência prevista no número anterior pode ser delegada nos dirigentes do serviço de inspecção, sem faculdade de subdelegação.

Artigo 15.º
Conclusão do procedimento

1 – No final de cada acção de inspecção, o inspector responsável pelo procedimento elabora um relatório final e submete -o à decisão do dirigente máximo do serviço de inspecção, que o deve reencaminhar, para homologação, ao ministro da tutela.

2 – O ministro da tutela pode delegar no dirigente máximo do serviço a competência para homologação dos relatórios finais das inspecções, sendo obrigatória a informação dos relatórios à tutela.

3 – Nos casos em que o ministro da tutela delegue a competência para homologação dos relatórios finais, a decisão do dirigente máximo prevista no n.º 1 adquire imediatamente eficácia externa.

4 – No relatório final relativo a cada acção de inspecção, os serviços de inspecção podem emitir recomendações dirigidas à melhoria da adequação das actividades das entidades objecto de inspecção à legislação que lhes seja aplicável e aos fins que prosseguem.

5 – Na sequência da homologação ministerial sobre os seus relatórios, os serviços de inspecção asseguram o respectivo encaminhamento para os membros do Governo com responsabilidades de superintendência ou tutela sobre as entidades inspeccionadas, bem como para o dirigente máximo da entidade objecto de inspecção.

78   *Ernesto Vaz Pereira*

6 – Sem prejuízo do dever de o serviço de inspecção proceder ao acompanhamento do resultado das recomendações e propostas formuladas, as entidades públicas visadas devem fornecer -lhe, no prazo de 60 dias contados a partir da data de recepção do relatório, informações sobre as medidas e decisões entretanto adoptadas na sequência da sua intervenção, podendo ainda pronunciar -se sobre o efeito da acção.

7 – Os serviços de inspecção participam às entidades competentes, nomeadamente ao Ministério Público, os factos com relevância para o exercício da acção penal e contra-ordenacional, quando existam e na sequência da homologação do relatório pelo ministro da tutela.

8 – Os serviços de inspecção devem ainda, por decisão do ministro, e nos termos da Lei n.º 98/97, de 26 de Agosto, enviar ao Tribunal de Contas os relatórios finais das suas acções de inspecção que contenham matéria de interesse para a acção daquele Tribunal.

9 – O disposto no presente artigo não prejudica a aplicação da legislação sectorial e de outros procedimentos determinados pelas necessidades de actuação directa dos serviços de inspecção.

CAPÍTULO III
Garantias do exercício da actividade de inspecção

ARTIGO 16.º
Garantias do exercício da actividade de inspecção

No exercício das suas funções, os dirigentes dos serviços de inspecção e o pessoal de inspecção gozam das seguintes prerrogativas:

a) Direito de acesso e livre -trânsito, nos termos da lei, pelo tempo e no horário necessários ao desempenho das suas funções, em todos os serviços e instalações das entidades públicas e privadas sujeitas ao exercício das suas atribuições;

b) Requisitar para exame, consulta e junção aos autos, livros, documentos, registos, arquivos e outros elementos pertinentes em poder das entidades cuja actividade seja objecto da acção de inspecção;

c) Recolher informações sobre as actividades inspeccionadas, proceder a exames a quaisquer vestígios de infracções, bem como a perícias, medições e colheitas de amostras para exame laboratorial;

Da Perda de Mandato Autárquico 79

d) Realizar inspecções, com vista à obtenção de elementos probatórios, aos locais onde se desenvolvam actividades sujeitas ao seu âmbito de actuação e passíveis de consubstanciar actividades ilícitas, sem dependência de prévia notificação;

e) Promover, nos termos legais aplicáveis, a selagem de quaisquer instalações, bem como a apreensão de documentos e objectos de prova em poder das entidades inspeccionadas ou do seu pessoal, quando isso se mostre indispensável à realização da acção, para o que deve ser levantado o competente auto;

f) Solicitar a colaboração das autoridades policiais, nos casos de recusa de acesso ou obstrução ao exercício da acção de inspecção por parte dos destinatários, para remover tal obstrução e garantir a realização e a segurança dos actos inspectivos;

g) Solicitar a adopção de medidas cautelares necessárias e urgentes para assegurar os meios de prova, quando tal resulte necessário, nos termos do Código de Processo Penal;

h) Obter, para auxílio nas acções em curso nos mesmos serviços, a cedência de material e equipamento próprio, bem como a colaboração de pessoal que se mostrem indispensáveis, designadamente para o efeito de se executarem ou complementarem serviços em atraso de execução, cuja falta impossibilite ou dificulte aquelas acções;

i) Utilizar nos locais inspeccionados, por cedência das respectivas entidades inspeccionadas, instalações em condições de dignidade e de eficácia para o desempenho das suas funções;

j) Trocar correspondência, em serviço, com todas as entidades públicas ou privadas sobre assuntos de serviço da sua competência;

l) Proceder, por si ou com recurso a autoridade policial ou administrativa, e cumpridas as formalidades legais, às notificações necessárias ao desenvolvimento da acção de inspecção;

m) Ser considerado como autoridade pública para os efeitos de protecção criminal.

Artigo 17.º
Meios de identificação profissional

1 – Os dirigentes dos serviços de inspecção e o pessoal de inspecção têm direito a cartão de identificação profissional e de livre-trânsito pró-

prio, de modelo a aprovar por portaria do ministro responsável pelo serviço de inspecção respectivo, que devem exibir no exercício das suas funções.

2 – O restante pessoal dos serviços de inspecção dispõe de cartão de identificação de modelo a aprovar por portaria do ministro responsável pelo serviço ou organismo inspectivo respectivo.

3 – A identificação dos dirigentes dos serviços de inspecção e do pessoal de inspecção pode ainda ser feita mediante exibição de crachá, cujo modelo é aprovado por portaria do ministro responsável pelo serviço de inspecção respectivo.

Artigo 18.º
Porte de arma

O pessoal de inspecção e os dirigentes dos serviços de inspecção cujo âmbito de actuação é externo à Administração Pública podem ainda ter direito a possuir e usar arma de defesa, com dispensa da respectiva licença de uso e porte de arma, valendo como tal o respectivo cartão de identificação profissional, quando previsto no respectivo diploma orgânico.

Artigo 19.º
Apoio em processos judiciais

1 – Os dirigentes dos serviços de inspecção e o pessoal de inspecção que sejam arguidos ou parte em processo contra-ordenacional, disciplinar ou judicial, por actos cometidos ou ocorridos no exercício e por causa das suas funções, têm direito a ser assistidos por advogado, indicado, nos termos da lei, pelo dirigente máximo do serviço de inspecção, ouvido o interessado, retribuído a expensas do organismo correspondente.

2 – O pessoal referido no número anterior tem ainda direito ao pagamento das custas judiciais, bem como a transportes e ajudas de custo quando a localização do tribunal ou das entidades judiciais o justifique.

3 – As importâncias eventualmente dispendidas ao abrigo do disposto nos números anteriores devem ser reembolsadas pelo funcionário ou agente que lhes deu causa, no caso de condenação em qualquer dos processos referidos no n.º 1.

CAPÍTULO IV
Regime de incompatibilidades e impedimentos

Artigo 20.º
Incompatibilidades e impedimentos

1 – O pessoal dos serviços de inspecção está sujeito ao regime geral de incompatibilidades e impedimentos vigente na Administração Pública.

2 – Encontra -se ainda vedado ao pessoal de inspecção:

a) Efectuar quaisquer acções de natureza inspectiva ou disciplinar em serviços, organismos e empresas onde exerçam funções ou prestem serviços parentes seus ou afins em qualquer grau da linha recta ou até ao 3.º grau da linha colateral;

b) Efectuar quaisquer acções de natureza inspectiva ou disciplinar em serviços, organismos e empresas onde tenham exercido funções há menos de três anos ou onde as exerçam em regime de acumulação;

c) Aceitar hospedagem, onerosa ou gratuita, em estabelecimento que seja propriedade de titulares dos órgãos ou dirigentes das entidades inspeccionadas quando estas sejam objecto de qualquer acção de natureza inspectiva.

3 – Na decisão dos pedidos de acumulação de funções de inspecção com qualquer função, remunerada ou não, os dirigentes dos serviços de inspecção devem ponderar os riscos para a imparcialidade do pessoal de inspecção decorrentes do exercício de funções em entidades integradas no âmbito de intervenção do respectivo serviço de inspecção.

Artigo 21.º
Sigilo profissional

1 – Para além da sujeição aos demais deveres inerentes ao exercício das suas funções, os dirigentes, o pessoal de inspecção e todos aqueles que com eles colaborem são obrigados a guardar sigilo sobre as matérias de que tiverem conhecimento no exercício das suas funções ou por causa delas, não podendo divulgar ou utilizar em proveito próprio ou alheio, directamente ou por interposta pessoa, o conhecimento assim adquirido.

2 – A violação do sigilo profissional pode implicar a aplicação de sanções disciplinares, determináveis em função da sua gravidade, sem prejuízo da responsabilidade civil ou criminal que dela possa resultar.

3 – O dever de sigilo profissional mantém -se após a cessação das funções.

CAPÍTULO V
Organização interna dos serviços de inspecção

ARTIGO 22.°
Áreas territoriais de inspecção

1 – O dirigente máximo pode definir áreas territoriais de inspecção, com o objectivo de agilizar e diversificar a intervenção dos inspectores, assegurando uma melhor distribuição, coordenação e qualidade de trabalho.

2 – No despacho que defina as áreas territoriais de inspecção, o dirigente máximo pode ainda fixar, obtido o acordo do funcionário ou agente, um domicílio profissional distinto do da respectiva sede.

ARTIGO 23.°
Tipo de organização interna

1 – Na organização interna dos serviços de inspecção pode ser adoptada a estrutura matricial, nos termos previstos na Lei n.° 4/2004, de 15 de Janeiro.

2 – Aos chefes das equipas multidisciplinares de inspecção pode ser atribuído um estatuto remuneratório definido através de um acréscimo remuneratório em pontos indiciários da escala salarial geral e a designação de chefes de equipa ou coordenadores, nos diplomas orgânicos dos respectivos serviços de inspecção.

3 – O disposto no número anterior não prejudica os regimes especiais de chefias integradas em carreiras inspectivas próprias.

CAPÍTULO VII
Disposições finais e transitórias

ARTIGO 24.º
Salvaguarda de regimes especiais

O disposto no presente decreto-lei não prejudica a consagração nos diplomas orgânicos dos serviços identificados no artigo 3.º ou noutros diplomas específicos referentes àqueles serviços de outros procedimentos e prerrogativas específicos aplicáveis a esses serviços e a algumas das suas áreas de actividade de inspecção, designadamente as do âmbito do Sistema de Controlo Interno da Administração Financeira do Estado (SCI), instituído através do Decreto-Lei n.º 166/98, de 25 de Junho.

ARTIGO 25.º
Norma revogatória

São revogados os artigos 12.º a 19.º e 28.º do Decreto-Lei n.º 249/98, de 11 de Agosto.

ARTIGO 26.º
Entrada em vigor

O presente decreto-lei entra em vigor no dia seguinte ao da sua publicação.

Decreto-Lei n.º 326-A/2007
de 28 de Setembro

Orgânica da IGAL

No quadro das orientações definidas pelo Programa de Reestruturação da Administração Central do Estado (PRACE) e dos objectivos do Programa do Governo no tocante à modernização administrativa, à melhoria da qualidade dos serviços públicos com ganhos de eficiência, importa concretizar o esforço de racionalização estrutural consagrado no Decreto-Lei n.º 202/2006, de 27 de Outubro, que aprovou a Lei Orgânica da Presidência do Conselho de Ministros, avançando na definição dos modelos organizacionais dos serviços que integram a respectiva estrutura.

A Inspecção-Geral da Administração do Território (IGAT) foi criada pelo Decreto-Lei n.º 130/86, de 7 de Junho, como o organismo de exercício da tutela inspectiva do Governo sobre as autarquias locais. Com a aprovação da referida Lei Orgânica da Presidência do Conselho de Ministros, a IGAT passou a ser designada por Inspecção-Geral da Administração Local, verificando-se igualmente, conforme resulta do PRACE, uma redefinição e apuramento da sua missão enquanto serviço operacional de exercício da tutela de legalidade administrativa e financeira do Governo sobre as autarquias locais, que passa a compreender, entre outros, o controlo sobre os respectivos órgãos, a estrutura e funcionamento dos serviços, a gestão dos recursos humanos, o ordenamento do território, urbanização e edificação, as obras públicas, fornecimentos e concessões e o sector empresarial local.

Para enquadrar as transformações ocorridas há que proceder à aprovação de uma orgânica que tenha em consideração outros factores, nomeadamente o aumento das solicitações de intervenção formuladas por particulares, que tem tendência para se acentuar, designadamente decorrentes do crescente uso de novas tecnologias da informação, como a já implementada «queixa electrónica», e dos pedidos de apoio e colaboração feitos por outros organismos públicos para diversos tipos de colaboração e, ainda, do alargamento do âmbito da tutela inspectiva definida na lei ao sector empresarial municipal. A nova orgânica agora aprovada procura igualmente atender à necessária adequação do exercício da tutela de legalidade do Governo sobre as autarquias locais às novas realidades introduzidas pelo Código de Processo nos Tribunais Administrativos e pela nova Lei de Organização e Processo do Tribunal de Contas.

Importa, finalmente, estreitar a cooperação técnica com os demais órgãos jurisdicionais com relevo na intervenção tutelar no domínio da administração local e conferir às diferentes equipas inspectivas uma coordenação no terreno com vista à harmonização de práticas inspectivas e de critérios de análise.

Em consonância com o exposto, são introduzidas alterações à estrutura e funcionamento da IGAT, às suas atribuições e competências, e é criado o conselho de inspecção enquanto órgão colegial, de natureza consultiva, ao qual compete apoiar o inspector-geral no exercício das suas funções.

Assim:

Nos termos da alínea a) do n.º 1 do artigo 198.º da Constituição, o Governo decreta o seguinte:

Artigo 1.º
Natureza

A Inspecção-Geral da Administração Local, abreviadamente designada por IGAL, é um serviço central da administração directa do Estado, dotado de autonomia administrativa.

Artigo 2.º
Sede e competência territorial

A IGAL tem sede em Lisboa e exerce a tutela sobre as autarquias locais prevista no artigo 242.º da Constituição da República Portuguesa em todo o território nacional, com excepção das Regiões Autónomas dos Açores e da Madeira.

Artigo 3.º
Missão e atribuições

1 – A IGAL tem por missão assegurar, no âmbito das competências legalmente cometidas ao Governo, o exercício da tutela administrativa e financeira a que se encontram constitucionalmente sujeitas as autarquias locais e o sector empresarial local.

2 – A IGAL prossegue as seguintes atribuições:

a) Efectuar acções inspectivas, as quais se consubstanciam, nos termos da lei, na realização de inspecções, inquéritos e sindicâncias aos órgãos e serviços das autarquias locais e entidades equiparadas;

b) Propor a instauração de processos disciplinares resultantes da actividade inspectiva;

c) Proceder à instrução dos processos no âmbito da tutela administrativa e financeira da administração autárquica e entidades equiparadas;

d) Contribuir para a boa aplicação das leis e regulamentos, instruindo os órgãos e serviços das autarquias locais sobre os procedimentos mais adequados;

e) Estudar e propor medidas que visem uma maior eficiência do exercício da tutela do Governo sobre as autarquias locais;

f) Colaborar, em especial com a Direcção-Geral das Autarquias Locais e com as Comissões de Coordenação e Desenvolvimento Regional, na aplicação da legislação respeitante às autarquias locais e entidades equiparadas;

g) Assegurar a acção inspectiva no domínio do ordenamento do território, em articulação funcional com a Inspecção-Geral do Ambiente e Ordenamento do Território (IGAOT).

3 – A IGAL prossegue ainda as seguintes atribuições:

a) Solicitar informações, realizar inspecções, inquéritos e sindicâncias aos órgãos e serviços da administração autárquica e entidades equiparadas nos termos da lei;

b) Analisar as queixas, denúncias, participações e exposições respeitantes à actividade desenvolvida pelas entidades tuteladas, propondo, quando necessário, a adopção das medidas tutelares adequadas;

c) Assegurar a elaboração de estudos, informações e pareceres sobre matérias com incidência nas suas atribuições, assim como participar na elaboração de diplomas legais, sempre que para tal for solicitada;

d) Participar aos órgãos competentes para a investigação criminal os factos com relevância jurídico-criminal;

e) Assegurar a divulgação dos resultados da actividade operacional de inspecção e colaborar no cumprimento de medidas adequadas e na proposta de medidas tendentes

à eliminação das deficiências e irregularidades encontradas;

f) Promover a divulgação das normas em vigor, assegurando a realização das acções de comunicação adequadas;

g) Estabelecer relações de cooperação, designadamente celebrando protocolos com organismos similares de outros países ou com organizações internacionais, bem como com organismos nacionais.

ARTIGO 4.º

Órgãos

1 – A IGAL é dirigida por um inspector-geral, coadjuvado por dois sub-inspectores gerais.

2 – É ainda órgão da IGAL o conselho de inspecção.

ARTIGO 5.º

Inspector-geral

1 – Sem prejuízo das competências que lhe forem conferidas por lei ou nele delegadas, compete ao inspector – geral:

a) Presidir ao conselho de inspecção;

b) Definir e supervisionar toda a acção inspectiva da IGAL;

c) Definir a política de gestão de recursos humanos e afectá-los às diversas áreas de especialização, actividades e acções;

d) Distribuir pelos inspectores as acções inspectivas e a instrução de processos disciplinares mandados instaurar superiormente;

e) Submeter ao membro de Governo que tutela a IGAL os processos resultantes das acções inspectivas, acompanhados dos pareceres que sobre elas incidam;

f) Solicitar informações e propor a realização de inquéritos e sindicâncias, designadamente em resultado das acções inspectivas;

g) Fixar e prorrogar os prazos para a conclusão das acções inspectivas e apresentação de relatórios;

Da Perda de Mandato Autárquico 89

h) Assegurar as relações da IGAL com outros organismos do Estado e outras entidades públicas e privadas.

2 – Os subinspectores-gerais exercem as competências que lhe sejam delegadas ou subdelegadas pelo inspector-geral, devendo este identificar a quem compete substituí-lo nas suas faltas e impedimentos.

ARTIGO 6.º
Conselho de inspecção

1 – O conselho de inspecção é um órgão colegial, de natureza consultiva, ao qual compete apoiar o inspector-geral no exercício das suas funções.

2 – O conselho de inspecção é composto pelo inspector-geral, que preside, com voto de qualidade, pelos subinspectores-gerais e pelo restante pessoal dirigente.

3 – Ao conselho de inspecção compete, em especial, pronunciar-se sobre:

a) O plano anual de actividades, incluindo o plano de formação, o orçamento, o relatório de actividades, a conta de gerência e o balanço social;

b) A política de gestão de recursos humanos;

c) Os termos gerais de protocolos e acordos a celebrar entre a IGAL e outras entidades;

d) O regulamento do procedimento inspectivo;

e) O manual do procedimento inspectivo.

4 – O inspector-geral pode determinar a participação de outros funcionários nas reuniões do conselho de inspecção, de acordo com a matéria a tratar.

5 – O conselho de inspecção reúne, ordinariamente, uma vez por trimestre e, extraordinariamente, sempre que convocado pelo seu presidente ou a pedido expresso de qualquer dos seus membros.

ARTIGO 7.º
Tipo de organização interna

A IGAL adopta o seguinte modelo estrutural misto:

a) Estrutura hierarquizada, nas áreas de gestão;

b) Estrutura matricial, nas áreas de inspecção.

Artigo 8.º
Receitas

1 – A IGAL dispõe das receitas provenientes de dotações que lhe forem atribuídas no Orçamento do Estado.

2 – A IGAL dispõe ainda das seguintes receitas próprias:

a) O produto da venda de publicações e outros suportes de informação;

b) Os saldos resultantes da realização de colóquios, conferências e acções de formação;

c) O produto dos serviços prestados;

d) Os saldos de gerência do ano anterior, com excepção das verbas provenientes do Orçamento de Estado;

e) Quaisquer receitas que por lei, contrato ou outro título lhe sejam atribuídas.

Artigo 9.º
Despesas

Constituem despesas da IGAL as que resultem de encargos decorrentes da prossecução das atribuições que lhe estão cometidas.

Artigo 10.º
Provimento dos cargos de direcção superior

Os cargos de inspector-geral e de subinspector-geral podem ser providos por magistrado judicial ou do Ministério Público, sendo que no primeiro caso com categoria não inferior a juiz da Relação ou procurador-geral-adjunto, caso em que a nomeação será obrigatoriamente precedida de autorização, a obter nos termos das respectivas leis estatutárias, considerando-se o serviço prestado como se o tivesse sido nas categorias e funções do quadro de origem, não determinando neste a abertura de vaga.

Artigo 11.º
Estatuto remuneratório dos chefes de equipas multidisciplinares

Aos chefes de equipas multidisciplinares é atribuído, em função da natureza e complexidade das funções, um estatuto remuneratório equiparado a director de serviços ou um acréscimo remuneratório correspondente a 55 pontos indiciários da escala salarial geral, até ao limite do estatuto remuneratório fixado para os chefes de divisão, não podendo o estatuto equiparado a director de serviços ser atribuído a mais de uma chefia de equipa em simultâneo.

ARTIGO 12.º
Quadro de cargos de direcção

Os lugares de direcção superior dos 1.º e 2.º graus e de direcção intermédia do 1.º grau constam do mapa anexo ao presente decreto-lei, do qual faz parte integrante.

ARTIGO 13.º
Sucessão

A IGAL sucede nas atribuições da IGAT.

ARTIGO 14.º
Norma revogatória

Nos termos do artigo 4.º do Decreto-Lei n.º 202/2006, de 27 de Outubro, considera-se revogado na data de entrada em vigor do presente decreto-lei o Decreto-Lei n.º 64/87, de 6 de Fevereiro.

ARTIGO 15.º
Entrada em vigor

O presente decreto-lei entra em vigor no 1.º dia do mês seguinte ao da sua publicação.

Lei n.º 24/98
de 26 de Maio

Estatuto do direito de oposição

A Assembleia da República decreta, nos termos dos artigos 114.º, 161.º, alínea c), 164.º, alínea h), e 166.º, n.º 3, e do artigo 112.º, n.º 5, da Constituição, para valer como lei geral da República, o seguinte:

Artigo 1.º
Direito de oposição

É assegurado às minorias o direito de constituir e exercer uma oposição democrática ao Governo e aos órgãos executivos das Regiões Autónomas e das autarquias locais de natureza representativa, nos termos da Constituição e da lei.

Artigo 2.º
Conteúdo

1 – Entende-se por oposição a actividade de acompanhamento, fiscalização e crítica das orientações políticas do Governo ou dos órgãos executivos das Regiões Autónomas e das autarquias locais de natureza representativa.

2 – O direito de oposição integra os direitos, poderes e prerrogativas previstos na Constituição e na lei.

3 – Os partidos políticos representados na Assembleia da República, nas assembleias legislativas regionais ou em quaisquer outras assembleias designadas por eleição directa relativamente aos correspondentes executi-

vos de que não façam parte exercem ainda o seu direito de oposição através dos direitos, poderes e prerrogativas concedidos pela Constituição, pela lei ou pelo respectivo regimento interno aos seus deputados e representações.

ARTIGO 3.º
Titularidade

1 – São titulares do direito de oposição os partidos políticos representados na Assembleia da República e que não façam parte do Governo, bem como os partidos políticos representados nas assembleias legislativas regionais e nos órgãos deliberativos das autarquias locais e que não estejam representados no correspondente órgão executivo.

2 – São também titulares do direito de oposição os partidos políticos representados nas câmaras municipais, desde que nenhum dos seus representantes assuma pelouros, poderes delegados ou outras formas de responsabilidade directa e imediata pelo exercício de funções executivas.

3 – A titularidade do direito de oposição é ainda reconhecida aos grupos de cidadãos eleitores que como tal estejam representados em qualquer órgão autárquico, nos termos dos números anteriores.

4 – O disposto na presente lei não prejudica o direito geral de oposição democrática dos partidos políticos ou de outras minorias sem representação em qualquer dos órgãos referidos nos números anteriores, nos termos da Constituição.

ARTIGO 4.º
Direito à informação

1 – Os titulares do direito de oposição têm o direito de ser informados regular e directamente pelos correspondentes órgãos executivos sobre o andamento dos principais assuntos de interesse público relacionados com a sua actividade.

2 – As informações devem ser prestadas directamente e em prazo razoável aos órgãos ou estruturas representativos dos partidos políticos e demais titulares do direito de oposição.

Artigo 5.º
Direito de consulta prévia

1 – Os partidos políticos representados na Assembleia da República e que não façam parte do Governo têm o direito de ser previamente consultados por este em relação às seguintes questões:

a) Marcação da data das eleições para as autarquias locais;

b) Orientação geral da política externa;

c) Orientação geral das políticas de defesa nacional e de segurança interna;

d) Propostas de lei das grandes opções dos planos nacionais e do Orçamento do Estado;

e) Demais questões previstas na Constituição e na lei.

2 – Os partidos políticos representados nas assembleias legislativas regionais e que não façam parte do correspondente governo regional têm o direito de ser ouvidos sobre as seguintes questões:

a) Propostas de plano de desenvolvimento económico e social e de orçamento regional;

b) Negociações de tratados e acordos internacionais que directamente digam respeito à Região Autónoma e acompanhamento da respectiva execução;

c) Pronúncia, por iniciativa do respectivo governo regional, ou sob consulta dos órgãos de soberania, relativamente às questões da competência destes respeitantes à respectiva Região Autónoma;

d) Outras questões previstas na Constituição, no respectivo estatuto político-administrativo e na lei.

3 – Os partidos políticos representados nos órgãos deliberativos das autarquias locais e que não façam parte dos correspondentes órgãos executivos, ou que neles não assumam pelouros, poderes delegados ou outras formas de responsabilidade directa e imediata pelo exercício de funções executivas, têm o direito de ser ouvidos sobre as propostas dos respectivos orçamentos e planos de actividade.

4 – Ao dever de consulta prévia aplica-se, com as necessárias adaptações, o disposto no n.º 2 do artigo 4.º

Artigo 6.º
Direito de participação

Os partidos políticos da oposição têm o direito de se pronunciar e intervir pelos meios constitucionais e legais sobre quaisquer questões de interesse público relevante, bem como o direito de presença e participação em todos os actos e actividades oficiais que, pela sua natureza, o justifiquem.

Artigo 7.º
Direito de participação legislativa

Os partidos políticos representados na Assembleia da República e que não façam parte do Governo têm o direito de se pronunciar no decurso dos trabalhos preparatórios de iniciativas legislativas do Governo relativamente às seguintes matérias:
a) Eleições;
b) Associações e partidos políticos.

Artigo 8.º
Direito de depor

Os partidos políticos da oposição têm o direito de, através de representantes por si livremente designados, depor perante quaisquer comissões constituídas para a realização de livros brancos, relatórios, inquéritos, inspecções, sindicâncias ou outras formas de averiguação de factos sobre matérias de relevante interesse nacional, regional ou local.

Artigo 9.º
Garantias de liberdade e independência
dos meios de comunicação social

1 – Os partidos representados na Assembleia da República e que não façam parte do Governo têm o direito de inquirir o Governo, e de obter deste informação adequada e em prazo razoável, sobre as medidas toma-

das para efectivar as garantias constitucionais de liberdade e independência dos órgãos de comunicação social perante o poder político e o poder económico, de imposição dos princípios da especialidade e da não concentração das empresas titulares de órgãos de informação geral, de tratamento não discriminatório e de divulgação da titularidade e dos meios de financiamento dos mesmos órgãos.

2 – Os mesmos partidos têm ainda o direito de inquirir o Governo, e de obter deste informação adequada e em prazo razoável, sobre as medidas tomadas para assegurar uma estrutura e um funcionamento dos meios de comunicação social do sector público que salvaguardem a sua independência perante o Governo, a Administração Pública e os demais poderes públicos, bem como sobre a garantia constitucional da possibilidade de expressão e confronto das diversas correntes de opinião.

3 – De iguais direitos gozam os partidos representados nas assembleias legislativas regionais e que não façam parte dos correspondentes governos regionais relativamente aos órgãos de comunicação social da respectiva Região.

Artigo 10.º
Relatórios de avaliação

1 – O Governo e os órgãos executivos das Regiões Autónomas e das autarquias locais elaboram, até ao fim de Março do ano subsequente àquele a que se refiram, relatórios de avaliação do grau de observância do respeito pelos direitos e garantias constantes da presente lei.

2 – Esses relatórios são enviados aos titulares do direito de oposição a fim de que sobre eles se pronunciem.

3 – Ao pedido de qualquer dos titulares mencionados no número anterior podem os respectivos relatório e resposta ser objecto de discussão pública na correspondente assembleia.

4 – A fim de facilitar o sistema de avaliação previsto nos números anteriores, os concessionários dos serviços públicos de radiotelevisão e radiodifusão elaboram e remetem à Assembleia da República relatórios periódicos sobre a forma como foram ou deixaram de ser efectivados, no âmbito da respectiva actividade, os direitos e as garantias de objectividade, rigor, independência e pluralismo da informação assegurados pela Constituição e pela lei.

5 – Os relatórios referidos nos números anteriores são publicados no Diário da República, nos jornais oficiais de ambas as Regiões Autónomas ou no diário ou boletim municipal respectivo, conforme os casos.

Artigo 11.º
Norma revogatória

É revogada a Lei n.º 59/77, de 5 de Agosto.

Lei n.º 34/87
de 16 de Julho

(Alterada pela L 108/01, de 28/11, que entrou em vigor em 01/01/2002)

Crimes de responsabilidade dos titulares de cargos políticos

A Assembleia da República decreta, nos termos dos artigos 120.º, 164.º, alínea *d)*, e 169.º, n.º 2, da Constituição, o seguinte:

CAPÍTULO I
Dos crimes de responsabilidade de titular de cargo político em geral

ARTIGO 1.º
Âmbito da presente lei

A presente lei determina os crimes de responsabilidade que titulares de cargos políticos cometam no exercício das suas funções, bem como as sanções que lhes são aplicáveis e os respectivos efeitos.

ARTIGO 2.º
Definição genérica

Consideram-se praticados por titulares de cargos políticos no exercício das suas funções, além dos como tais previstos na presente lei, os previstos na lei penal geral com referência expressa a esse exercício ou os que mostrem terem sido praticados com flagrante desvio ou abuso da função ou com grave violação dos inerentes deveres.

Artigo 3.º
(Alterado pela L. 108/01)
Cargos políticos

1 – São cargos políticos, para os efeitos da presente lei:
a) O de Presidente da República;
b) O de Presidente da Assembleia da República;
c) O de deputado à Assembleia da República;
d) O de membro do Governo;
e) O de deputado ao Parlamento Europeu;
f) O de ministro da República para região autónoma;
g) O de membro de órgão de governo próprio de região autónoma;
h) O de governador de Macau, de secretário-adjunto do Governo de Macau ou de deputado à Assembleia Legislativa de Macau;
i) O de membro de órgão representativo de autarquia local;
j) O de governador civil.

2 – Para efeitos do disposto nos artigos 16.º a 19.º, equiparam-se aos titulares de cargos políticos nacionais os titulares de cargos políticos da União Europeia, independentemente da nacionalidade e residência e, quando a infracção tiver sido cometida, no todo ou em parte, em território português, os titulares de cargos políticos de outros Estados-Membros da União Europeia.

Artigo 4.º
Punibilidade da tentativa

Nos crimes previstos na presente lei a tentativa é punível independentemente da medida legal da pena, sem prejuízo do disposto no artigo 24.º do Código Penal.

Artigo 5.º
Agravação especial

A pena aplicável aos crimes previstos na lei penal geral que tenham sido cometidos por titular de cargo político no exercício das suas funções e qualificados como crimes de responsabilidade nos termos da presente lei será agravada de um quarto dos seus limites mínimo e máximo.

Artigo 6.º
Atenuação especial

A pena aplicável aos crimes de responsabilidade cometidos por titular de cargo político no exercício das suas funções poderá ser especialmente atenuada, para além dos casos previstos na lei geral, quando se mostre que o bem ou valor sacrificados o foram para salvaguarda de outros constitucionalmente relevantes ou quando for diminuto o grau de responsabilidade funcional do agente e não haja lugar à exclusão da ilicitude ou da culpa, nos termos gerais.

CAPÍTULO II
Dos crimes de responsabilidade de titular de cargo político em especial

Artigo 7.º
Traição à Pátria

O titular de cargo político que, com flagrante desvio ou abuso das suas funções ou com grave violação dos inerentes deveres, ainda que por meio não violento nem de ameaça de violência, tentar separar da Mãe-Pátria, ou entregar a país estrangeiro, ou submeter a soberania estrangeira, o todo ou uma parte do território português, ofender ou puser em perigo a independência do País será punido com prisão de dez a quinze anos.

Artigo 8.º
Atentado contra a Constituição da República

O titular de cargo político que no exercício das suas funções atente contra a Constituição da República, visando alterá-la ou suspendê-la por forma violenta ou por recurso a meios que não os democráticos nela previstos, será punido com prisão de cinco a quinze anos, ou de dois a oito anos, se o efeito se não tiver seguido.

Artigo 9.º
Atentado contra o Estado de direito

O titular de cargo político que, com flagrante desvio ou abuso das suas funções ou com grave violação dos inerentes deveres, ainda que por meio não violento nem de ameaça de violência, tentar destruir, alterar ou subverter o Estado de direito constitucionalmente estabelecido, nomeadamente os direitos, liberdades e garantias estabelecidos na Constituição da República, na Declaração Universal dos Direitos do Homem e na Convenção Europeia dos Direitos do Homem, será punido com prisão de dois a oito anos, ou de um a quatro anos, se o efeito se não tiver seguido.

Artigo 10.º
Coacção contra órgãos constitucionais

1 – O titular de cargo político que por meio não violento nem de ameaça de violência impedir ou constranger o livre exercício das funções de órgão de soberania ou de órgão de governo próprio de região autónoma será punido com prisão de dois a oito anos, se ao facto não corresponder pena mais grave por força de outra disposição legal.

2 – O titular de cargo político que, nas mesmas condições, impedir ou constranger o livre exercício das funções de ministro da República em região autónoma, de governador de Macau, de secretário-adjunto do Governo de Macau, de assembleia regional, da Assembleia Legislativa de Macau, de governo regional ou do Provedor de Justiça será punido com prisão de um a cinco anos.

3 – Se os factos descritos no n.º 1 forem praticados contra órgão de autarquia local, a prisão será de três meses a dois anos.

4 – Quando os factos descritos no n.º 1 forem cometidos contra um membro dos órgãos referidos nos n.ºs 1, 2 ou 3, a prisão será de um a cinco anos, seis meses a três anos ou até um ano, respectivamente.

Artigo 11.º
Prevaricação

O titular de cargo político que conscientemente conduzir ou decidir contra direito um processo em que intervenha no exercício das suas fun-

Da Perda de Mandato Autárquico 103

ções, com a intenção de por essa forma prejudicar ou beneficiar alguém, será punido com prisão de dois a oito anos.

Artigo 12.º
Denegação de justiça

O titular de cargo político que no exercício das suas funções se negar a administrar a justiça ou a aplicar o direito que, nos termos da sua competência, lhe cabem e lhe foram requeridos será punido com prisão até dezoito meses e multa até 50 dias.

Artigo 13.º
Desacatamento ou recusa de execução de decisão de tribunal

O titular de cargo político que no exercício das suas funções recusar acatamento ou execução que, por dever do cargo, lhe cumpram a decisão de tribunal transitada em julgado será punido com prisão até um ano.

Artigo 14.º
Violação de normas de execução orçamental

O titular de cargo político a quem, por dever do seu cargo, incumba dar cumprimento a normas de execução orçamental e conscientemente as viole:
a) Contraindo encargos não permitidos por lei;
b) Autorizando pagamentos sem o visto do Tribunal de Contas legalmente exigido;
c) Autorizando ou promovendo operações de tesouraria ou alterações orçamentais proibidas por lei;
d) Utilizando dotações ou fundos secretos, com violação das regras da universalidade e especificação legalmente previstas;
será punido com prisão até um ano.

Artigo 15.º
Suspensão ou restrição ilícitas de direitos, liberdades e garantias

O titular de cargo político que, com flagrante desvio das suas funções ou com grave violação dos inerentes deveres, suspender o exercício de direitos, liberdades e garantias não susceptíveis de suspensão, ou sem recurso legítimo aos estados de sítio ou de emergência, ou impedir ou restringir aquele exercício, com violação grave das regras de execução do estado declarado, será condenado a prisão de dois a oito anos, se ao facto não corresponder pena mais grave por força de outra disposição legal.

Artigo 16.º
(Alterado pela L. 108/01)
Corrupção passiva para acto ilícito

1 – O 1 – O titular de cargo político que no exercício das suas funções, por si ou por interposta pessoa, com o seu consentimento ou ratificação, solicitar ou aceitar, para si ou para terceiro, sem que lhe seja devida, vantagem patrimonial ou não patrimonial, ou a sua promessa, para um qualquer acto ou omissão contrários aos deveres do cargo, ainda que anteriores àquela solicitação ou aceitação, é punido com pena de prisão de 2 a 8 anos.

2 – Se, por efeito da corrupção, resultar condenação criminal em pena mais grave do que a prevista no número anterior, será aquela pena aplicada à corrupção.

Artigo 17.º
(Alterado pela L. 108/01)
Corrupção passiva para acto lícito

1 – O titular de cargo político que no exercício das suas funções, por si ou por interposta pessoa, com o seu consentimento ou ratificação, solicitar ou aceitar, para si ou para terceiro, sem que lhe seja devida, vantagem patrimonial ou não patrimonial, ou a sua promessa, para um qualquer acto ou omissão não contrários aos deveres do cargo, ainda que anteriores àquela solicitação ou aceitação, é punido com pena de prisão até 3 anos ou com pena de multa até 300 dias.

2 – Na mesma pena incorre o titular de cargo político que por si, ou por interposta pessoa, com o seu consentimento ou ratificação, solicitar ou aceitar, para si ou para terceiro, sem que lhe seja devida, vantagem patrimonial ou não patrimonial de pessoa que perante ele tenha tido, tenha ou venha a ter qualquer pretensão dependente do exercício das suas funções.

Artigo 18.º
(Alterado pela L. 108/01)
Corrupção activa

1 – Quem por si, ou por interposta pessoa, com o seu consentimento ou ratificação, der ou prometer a titular de cargo político, ou a terceiro com conhecimento daquele, vantagem patrimonial ou não patrimonial que ao titular de cargo político não seja devida, com o fim indicado no artigo 16.º, é punido com pena de prisão de 6 meses a 5 anos.

2 – Se o fim for o indicado no artigo 17.º, o agente é punido com pena de prisão até 6 meses ou com pena de multa até 60 dias.

3 – O titular de cargo político que no exercício das suas funções, por si ou por interposta pessoa, com o seu consentimento ou ratificação, der ou prometer a funcionário ou a outro titular de cargo político, ou a terceiro com conhecimento destes, vantagem patrimonial ou não patrimonial que não lhes seja devida, com os fins indicados no artigo 16.º, é punido com a pena prevista no mesmo artigo.

Artigo 19.º
(Alterado pela L. 108/01)
Dispensa ou atenuação da pena

1 – Se o agente, nos casos previstos nos artigos 16.º e 17.º, voluntariamente repudiar o oferecimento ou a promessa que aceitara, ou restituir a vantagem, ou, tratando-se de coisa fungível, o seu valor, antes da prática do facto, é dispensado da pena.

2 – A dispensa de pena prevista no número anterior aproveitará ao agente da corrupção activa se o mesmo, voluntariamente, antes da prática do facto, retirar a promessa feita ou solicitar a restituição da vantagem dada.

3 – A pena é especialmente atenuada se o agente, nos casos previstos nos artigos 16.º, 17.º e 18.º, auxiliar concretamente na recolha das provas decisivas para a identificação ou a captura de outros responsáveis.»

Artigo 20.º
Peculato

1 – O titular de cargo político que no exercício das suas funções ilicitamente se apropriar, em proveito próprio ou de outra pessoa, de dinheiro

ou qualquer outra coisa móvel que lhe tiver sido entregue, estiver na sua posse ou lhe for acessível em razão das suas funções será punido com prisão de três a oito anos e multa até 150 dias, se pena mais grave lhe não couber por força de outra disposição legal.

2 – Se o infractor der de empréstimo, empenhar ou, de qualquer forma, onerar quaisquer objectos referidos no número anterior, com a consciência de prejudicar ou poder prejudicar o Estado ou o seu proprietário, será punido com prisão de um a quatro anos e multa até 80 dias.

Artigo 21.º
Peculato de uso

1 – O titular de cargo político que fizer uso ou permitir a outrem que faça uso, para fins alheios àqueles a que se destinam, de veículos ou outras coisas móveis de valor apreciável que lhe tenham sido entregues, estiverem na sua posse ou lhe forem acessíveis em razão das suas funções será punido com prisão até dezoito meses ou multa de 20 a 50 dias.

2 – O titular de cargo político que der a dinheiro público um destino para uso público diferente daquele a que estiver legalmente afectado será punido com prisão até dezoito meses ou multa de 20 a 50 dias.

Artigo 22.º
Peculato por erro de outrem

O titular de cargo político que no exercício das suas funções, mas aproveitando-se do erro de outrem, receber, para si ou para terceiro, taxas, emolumentos ou outras importâncias não devidas, ou superiores às devidas, será punido com prisão até três anos ou multa até 150 dias.

Artigo 23.º
Participação económica em negócio

1 – O titular de cargo político que, com intenção de obter para si ou para terceiro participação económica ilícita, lesar em negócio jurídico os interesses patrimoniais que, no todo ou em parte, lhe cumpra, em razão das suas funções, administrar, fiscalizar, defender ou realizar será punido com prisão até cinco anos e multa de 50 a 100 dias.

2 – O titular de cargo político que, por qualquer forma, receber vantagem patrimonial por efeito de um acto jurídico-civil relativo a interesses de que tenha, por força das suas funções, no momento do acto, total ou parcialmente, a disposição, a administração ou a fiscalização, ainda que sem os lesar, será punido com multa de 50 a 150 dias.

3 – A pena prevista no número anterior é também aplicável ao titular de cargo político que receber, por qualquer forma, vantagem económica por efeito de cobrança, arrecadação, liquidação ou pagamento de que, em razão das suas funções, total ou parcialmente, esteja encarregado de ordenar ou fazer, posto que se não verifique prejuízo económico para a Fazenda Pública ou para os interesses que assim efectiva.

Artigo 24.º
Emprego de força pública contra a execução de lei de ordem legal

O titular de cargo político que, sendo competente, em razão das suas funções, para requisitar ou ordenar o emprego de força pública, requisitar ou ordenar esse emprego para impedir a execução de alguma lei, de mandato regular da justiça ou de ordem legal de alguma autoridade pública será punido com prisão até três anos e multa de 20 a 50 dias.

Artigo 25.º
Recusa de cooperação

O titular de cargo político que, tendo recebido requisição legal da autoridade competente para prestar cooperação, possível em razão do seu cargo, para a administração da justiça ou qualquer serviço público, se recusar a prestá-la, ou sem motivo legítimo a não prestar, será punido com prisão de três meses a um ano ou multa de 50 a 100 dias.

Artigo 26.º
Abuso de poderes

1 – O titular de cargo político que abusar dos poderes ou violar os deveres inerentes às suas funções, com a intenção de obter, para si ou para

108   *Ernesto Vaz Pereira*

terceiro, um benefício ilegítimo ou de causar um prejuízo a outrem, será punido com prisão de seis meses a três anos ou multa de 50 a 100 dias, se pena mais grave lhe não couber por força de outra disposição legal.

2 – Incorre nas penas previstas no número anterior o titular de cargo político que efectuar fraudulentamente concessões ou celebrar contratos em benefício de terceiro ou em prejuízo do Estado.

ARTIGO 27.º
Violação de segredo

1 – O titular de cargo político que, sem estar devidamente autorizado, revelar segredo de que tenha tido conhecimento ou lhe tenha sido confiado no exercício das suas funções, com a intenção de obter, para si ou para outrem, um benefício ilegítimo ou de causar um prejuízo do interesse público ou de terceiros, será punido com prisão até três anos ou multa de 100 a 200 dias.

2 – A violação de segredo prevista no n.º 1 será punida mesmo quando praticada depois de o titular de cargo político ter deixado de exercer as suas funções.

3 – O procedimento criminal depende de queixa da entidade que superintenda, ainda que a título de tutela, no órgão de que o infractor seja titular, ou do ofendido, salvo se esse for o Estado.

CAPÍTULO III
Dos efeitos das penas

ARTIGO 28.º
Efeito das penas aplicadas ao Presidente da República

A condenação definitiva do Presidente da República por crime de responsabilidade cometido no exercício das suas funções implica a destituição do cargo e a impossibilidade de reeleição após verificação pelo Tribunal Constitucional da ocorrência dos correspondentes pressupostos constitucionais e legais.

Da Perda de Mandato Autárquico

Artigo 29.º
Efeitos das penas aplicadas a titulares de cargos políticos de natureza electiva

Implica a perda do respectivo mandato a condenação definitiva por crime de responsabilidade cometido no exercício das suas funções dos seguintes titulares de cargo político:
a) Presidente da Assembleia da República;
b) Deputado à Assembleia da República;
c) Deputado ao Parlamento Europeu;
d) Deputado a assembleia regional;
e) Deputado à Assembleia Legislativa de Macau;
f) Membro de órgão representativo de autarquia local.

Artigo 30.º
Efeitos de pena aplicada ao Primeiro-Ministro

A condenação definitiva do Primeiro-Ministro por crime de responsabilidade cometido no exercício das suas funções implica de direito a respectiva demissão, com as consequências previstas na Constituição da República.

Artigo 31.º
Efeitos de pena aplicada a outros titulares de cargos políticos de natureza não electiva

Implica de direito a respectiva demissão, com as consequências constitucionais e legais, a condenação definitiva por crime de responsabilidade cometido no exercício das suas funções dos seguintes titulares de cargos políticos de natureza não electiva:
a) Membro do Governo da República;
b) Ministro da República junto de região autónoma;
c) Presidente de governo regional;
d) Membro de governo regional;
e) Governador de Macau;
f) Secretário-adjunto do Governo de Macau;
g) Governador civil.

CAPÍTULO IV
Regras especiais de processo

Artigo 32.º
Princípio geral

À instrução e julgamento dos crimes de responsabilidade de que trata a presente lei aplicam-se as regras gerais de competência e de processo, com as especialidades constantes dos artigos seguintes.

Artigo 33.º
Regras especiais aplicáveis ao Presidente da República

1 – Pelos crimes de responsabilidade praticados no exercício das suas funções o Presidente da República responde perante o Plenário do Supremo Tribunal de Justiça.

2 – A iniciativa do processo cabe à Assembleia da República, mediante proposta de um quinto e deliberação aprovada por maioria de dois terços dos deputados em efectividade de funções.

Artigo 34.º
Regras especiais aplicáveis a deputado à Assembleia da República

1 – Nenhum deputado à Assembleia da República pode ser detido ou preso sem autorização da Assembleia, salvo por crime punível com pena maior e em flagrante delito.

2 – Movido procedimento criminal contra algum deputado à Assembleia da República, e indiciado este definitivamente por despacho de pronúncia ou equivalente, salvo no caso de crime punível com pena maior, a Assembleia decidirá se o deputado deve ou não ser suspenso para efeitos de seguimento do processo.

3 – O Presidente da Assembleia da República responde perante o Plenário do Supremo Tribunal de Justiça.

Artigo 35.º
Regras especiais aplicáveis a membro do Governo

1 – Movido procedimento criminal contra um membro do Governo, e indiciado este definitivamente por despacho de pronúncia ou equivalente, salvo no caso de crime punível com pena maior, a Assembleia da República decide se o membro do Governo deve ou não ser suspenso para efeitos de seguimento do processo.

2 – O disposto no número anterior aplica-se ao Governador de Macau, aos ministros da República junto de região autónoma e aos secretários-adjuntos do Governo de Macau.

3 – O Primeiro-Ministro responde perante o Plenário do Tribunal da Relação de Lisboa, com recurso para o Supremo Tribunal de Justiça.

Artigo 36.º
Regras especiais aplicáveis a deputado ao Parlamento Europeu

Aplicam-se aos deputados ao Parlamento Europeu designados por Portugal, no que se refere à sua detenção ou prisão, bem como ao julgamento dos crimes de responsabilidade que cometam no exercício das suas funções, as pertinentes disposições comunitárias e, na medida em que isso seja compatível com a natureza do Parlamento Europeu, as disposições aplicáveis da Lei n.º 3/85, de 13 de Março, com as necessárias adaptações.

Artigo 37.º
Regras especiais aplicáveis a deputado a assembleia regional

1 – Nenhum deputado a assembleia regional pode ser detido ou preso sem autorização da assembleia, salvo por crime punível com pena maior e em flagrante delito.

2 – Movido procedimento criminal contra algum deputado a assembleia regional, e indiciado este por despacho de pronúncia ou equivalente, a assembleia decidirá se o deputado deve ou não ser suspenso para efeitos de seguimento do processo.

Artigo 38.º
Regras especiais aplicáveis a deputado
à Assembleia Legislativa de Macau

1 – Durante o período das sessões da Assembleia Legislativa de Macau não podem os respectivos deputados ser detidos nem estar presos sem assentimento daquela, excepto por crime a que corresponda pena maior ou equivalente na escala penal e, neste caso, quando em flagrante delito ou em virtude de mandato judicial.

2 – Movido procedimento criminal contra algum deputado à Assembleia Legislativa de Macau, e indiciado este por despacho de pronúncia ou equivalente, o juiz comunicará o facto à Assembleia, que, para o caso previsto na última parte do número anterior, decidirá se o deputado indiciado deve ou não ser suspenso para efeitos de seguimento do processo.

Artigo 39.º
Regras especiais aplicáveis a membro de governo regional

Movido procedimento judicial contra membro de governo regional pela prática de qualquer crime, e indiciado este por despacho de pronúncia ou equivalente, o processo só seguirá os seus termos no caso de ao facto corresponder pena maior, se o membro do governo for suspenso do exercício das suas funções.

Artigo 40.º
Da não intervenção do júri

O julgamento dos crimes a que se refere a presente lei far-se-á sem intervenção do júri.

Artigo 41.º
Do direito de acção

Nos crimes a que se refere a presente lei têm legitimidade para promover o processo penal o Ministério Público, sem prejuízo do especialmente disposto nas disposições do presente capítulo, e, em subordinação a ele:

a) O cidadão ou a entidade directamente ofendidos pelo acto considerado delituoso;

b) Qualquer membro de assembleia deliberativa, relativamente aos crimes imputados a titulares de cargos políticos que, individualmente ou através do respectivo órgão, respondam perante aquela;

c) As entidades a quem incumba a tutela sobre órgãos políticos, relativamente aos crimes imputados a titulares do órgão tutelado;

d) A entidade a quem compete a exoneração de titular de cargo político, relativamente aos crimes imputados a este.

ARTIGO 42.º
Julgamento em separado

A instrução e o julgamento de processos relativos a crime de responsabilidade de titular de cargo político cometido no exercício das suas funções far-se-ão, por razões de celeridade, em separado dos relativos a outros co-responsáveis que não sejam também titulares de cargo político.

ARTIGO 43.º
Liberdade de alteração do rol das testemunhas

Nos processos relativos ao julgamento de crimes de responsabilidade de titulares de cargos políticos cometidos no exercício das suas funções são lícitas a alteração dos róis de testemunhas e a junção de novos documentos até três dias antes do designado para o início do julgamento, sendo irrelevante, para este efeito, o adiamento desse início.

ARTIGO 44.º
Denúncia caluniosa

1 – Da decisão que absolver o acusado por crime de responsabilidade cometido por titular de cargo político no exercício das suas funções ou que o condene com base em factos diversos dos constantes da denúncia será dado conhecimento imediato ao Ministério Público, para o efeito de procedimento, se julgar ser esse o caso, pelo crime previsto e punido pelo artigo 408.º do Código Penal.

2 – As penas cominadas por aquela disposição legal serão agravadas, nos termos gerais, em razão do acréscimo da gravidade que empresta à natureza caluniosa da denúncia a qualidade do ofendido.

CAPÍTULO V
Da responsabilidade civil emergente de crime de responsabilidade de titular de cargo político

Artigo 45.º
Princípios gerais

1 – A indemnização de perdas e danos emergentes de crime de responsabilidade cometido por titular de cargo político no exercício das suas funções rege-se pela lei civil.

2 – O Estado responde solidariamente com o titular de cargo político pelas perdas e danos emergentes de crime de responsabilidade cometido no exercício das suas funções.

3 – O Estado tem direito de regresso contra o titular de cargo político por crime de responsabilidade cometido no exercício das suas funções de que resulte o dever de indemnizar.

4 – O Estado ficará sub-rogado no direito do lesado à indemnização, nos termos gerais, até ao montante que tiver satisfeito.

Artigo 46.º
Dever de indemnizar em caso de absolvição

1 – A absolvição pelo tribunal criminal não extingue o dever de indemnizar não conexo com a responsabilidade criminal, nos termos gerais de direito, podendo a correspondente indemnização ser pedida através do tribunal civil.

2 – Quando o tribunal absolva o réu na acção penal com fundamento no disposto no artigo 6.º, poderá, não obstante, arbitrar ao ofendido uma quantia como reparação por perdas e danos que em seu prudente arbítrio considere suficientemente justificada, sem prejuízo do disposto no número anterior.

Artigo 47.º
Opção do foro

O pedido de indemnização por perdas e danos resultantes de crime de responsabilidade cometido por titular de cargo político no exercício das suas funções pode ser deduzido no processo em que correr a acção penal ou, separadamente, em acção intentada no tribunal civil.

ARTIGO 48.º
Regime de prescrição

O direito à indemnização prescreve nos mesmos prazos do procedimento criminal.

CAPÍTULO VI
Disposição final

ARTIGO 49.º
Entrada em vigor

A presente lei entrará em vigor no 30.º dia posterior ao da sua publicação.

Lei n.º 46/2005
de 29 de Agosto

Estabelece limites à renovação sucessiva de mandatos dos presidentes dos órgãos executivos das autarquias locais

A Assembleia da República decreta, nos termos da alínea c) do artigo 161.º da Constituição, o seguinte:

ARTIGO 1.º
Limitação de mandatos dos presidentes dos órgãos executivos das autarquias locais

1 – O presidente de câmara municipal e o presidente de junta de freguesia só podem ser eleitos para três mandatos consecutivos, salvo se no momento da entrada em vigor da presente lei tiverem cumprido ou estiverem a cumprir, pelo menos, o 3.º mandato consecutivo, circunstância em que poderão ser eleitos para mais um mandato consecutivo.

2 – O presidente de câmara municipal e o presidente de junta de freguesia, depois de concluídos os mandatos referidos no número anterior, não podem assumir aquelas funções durante o quadriénio imediatamente subsequente ao último mandato consecutivo permitido.

3 – No caso de renúncia ao mandato, os titulares dos órgãos referidos nos números anteriores não podem candidatar-se nas eleições imediatas nem nas que se realizem no quadriénio imediatamente subsequente à renúncia.

ARTIGO 2.º
Entrada em vigor

A presente lei entra em vigor no dia 1 de Janeiro de 2006.

Lei n.º 47/2005

de 29 de Agosto

Estabelece o regime de gestão limitada dos órgãos das autarquias locais

A Assembleia da República decreta, nos termos da alínea c) do artigo 161.º da Constituição, o seguinte:

Artigo 1.º
Objecto

1 – A presente lei estabelece os limites ao quadro de competências dos órgãos autárquicos e respectivos titulares no período de gestão.

2 – Para efeitos da presente lei, considera-se período de gestão aquele que medeia entre a realização de eleições e a tomada de posse dos novos órgãos eleitos.

3 – São igualmente estabelecidos limites às competências das comissões administrativas das autarquias locais.

Artigo 2.º
Âmbito

1 – No período a que se refere o n.º 1 do artigo anterior os órgãos das autarquias locais e os seus titulares, no âmbito das respectivas competências, sem prejuízo da prática de actos correntes e inadiáveis, ficam impedidos de deliberar ou decidir, designadamente, em relação às seguintes matérias:

a) Contratação de empréstimos;

b) Fixação de taxas, tarifas e preços;

c) Aquisição, alienação ou oneração de bens imóveis;

d) Posturas e regulamentos;

e) Quadros de pessoal;

f) Contratação de pessoal;

g) Criação e reorganização de serviços;

h) Nomeação de pessoal dirigente;

i) Nomeação ou exoneração de membros dos conselhos de administração dos serviços municipalizados e das empresas municipais;

j) Remuneração dos membros do conselho de administração dos serviços municipalizados;

l) Participação e representação da autarquia em associações, fundações, empresas ou quaisquer outras entidades públicas ou privadas;

m) Municipalização de serviços e criação de fundações e empresas,

n) Cooperação e apoio a entidades públicas ou privadas e apoio a actividades correntes e tradicionais;

o) Concessão de obras e serviços públicos;

p) Adjudicação de obras públicas e de aquisição de bens e serviços;

q) Aprovação e licenciamento de obras particulares e loteamentos;

r) Apoiar ou comparticipar, pelos meios adequados, no apoio a actividades de interesse da freguesia de natureza social, cultural, educativa, desportiva, recreativa ou outra;

s) Afectação ou desafectação de bens do domínio público municipal;

t) Deliberar sobre a criação dos conselhos municipais;

u) Autorizar os conselhos de administração dos serviços municipalizados a deliberar sobre a concessão de apoio financeiro, ou outro, a instituições legalmente constituídas;

v) Aprovar os projectos, programas de concurso, caderno de encargos e adjudicação.

2 – O decurso dos prazos legais, respeitantes às matérias previstas no número anterior, suspende-se durante o período a que se refere o artigo anterior.

Artigo 3.º
Presidentes de câmara municipal e presidentes de junta de freguesia

1 – Sem prejuízo do disposto no número seguinte, durante o período de gestão caducam as delegações de competência que tenham sido aprovadas pelo órgão executivo colegial para o respectivo presidente.

2 – Nos casos em que o presidente de câmara ou de junta de freguesia se tenha recandidatado e seja declarado vencedor do acto eleitoral não se aplica o disposto no número anterior, podendo o titular do cargo continuar a exercer normalmente as suas competências, ficando no entanto os respectivos actos, decisões ou autorizações sujeitos a ratificação do novo executivo na primeira semana após a sua instalação, sob pena de nulidade.

3 – Os actos, decisões ou autorizações dos presidentes de câmara ou de junta de freguesia praticados nos termos referidos no número anterior devem fazer referência expressa à precariedade legalmente estabelecida.

Artigo 4.º
Comissões administrativas

1 – As comissões administrativas dispõem de competências executivas limitadas à prática de actos correntes e inadiáveis, estritamente necessários para assegurar a gestão da autarquia.

2 – As comissões administrativas, em caso de dissolução ou extinção do órgão deliberativo, podem, a título excepcional, deliberar sobre matérias da competência deste desde que razões de relevante e inadiável interesse público autárquico o justifiquem.

3 – As deliberações a que se refere o número anterior carecem de parecer prévio da respectiva comissão de coordenação e desenvolvimento regional sob pena de nulidade.

4 – O parecer a que se refere o número anterior é obrigatoriamente emitido no prazo máximo de 10 dias.

Lei n.º 52-A/2005
de 10 de Outubro

Republica o estatuto dos eleitos locais

Republicação da Lei n.º 29/87, de 30 de Junho

ESTATUTO DOS ELEITOS LOCAIS

ARTIGO 1.º
Âmbito

1 – A presente lei define o Estatuto dos Eleitos Locais.

2 – Consideram-se eleitos locais, para efeitos da presente lei, os membros dos órgãos deliberativos e executivos dos municípios e das freguesias.

ARTIGO 2.º
Regime do desempenho de funções

1 – Desempenham as respectivas funções em regime de permanência os seguintes eleitos locais:

a) Presidentes das câmaras municipais;

b) Vereadores, em número e nas condições previstos na lei.

c) Membros das juntas de freguesia em regime de tempo inteiro.

2 – A câmara municipal poderá optar pela existência de vereadores em regime de meio tempo, correspondendo dois vereadores em regime de meio tempo a um vereador em regime de permanência.

3 – Os membros de órgãos executivos que não exerçam as respectivas funções em regime de permanência ou de meio tempo serão dispensados das suas actividades profissionais, mediante aviso antecipado à entidade

empregadora, para o exercício de actividades no respectivo órgão, nas seguintes condições:

a) Nos municípios: os vereadores, até trinta e duas horas mensais cada um;

b) Nas freguesias de 20 000 ou mais eleitores: o presidente da junta, até trinta e duas horas mensais, e dois membros, até vinte e quatro horas;

c) Nas freguesias com mais de 5000 e até 20 000 eleitores: o presidente da junta, até trinta e duas horas mensais, e dois membros, até dezasseis horas;

d) Nas restantes freguesias: o presidente da junta, até trinta e duas horas, e um membro, até dezasseis horas.

4 – Os membros dos órgãos deliberativos e consultivos são dispensados das suas funções profissionais, mediante aviso antecipado à entidade empregadora, quando o exija a sua participação em actos relacionados com as suas funções de eleitos, designadamente em reuniões dos órgãos e comissões a que pertencem ou em actos oficiais a que devem comparecer.

5 – As entidades empregadoras dos eleitos locais referidos nos n.ºs 2, 3 e 4 do presente artigo têm direito à compensação dos encargos resultantes das dispensas.

6 – Todas as entidades públicas e privadas estão sujeitas ao dever geral de cooperação para com os eleitos locais no exercício das suas funções.

ARTIGO 3.º
Exclusividade e incompatibilidades

1 – Os presidente e vereadores de câmaras municipais, mesmo em regime de permanência, podem exercer outras actividades, devendo comunicá-las, quando de exercício continuado, quanto à sua natureza e identificação, ao Tribunal Constitucional e à assembleia municipal, na primeira reunião desta a seguir ao início do mandato ou previamente à entrada em funções nas actividades não autárquicas.

2 – O disposto no número anterior não revoga os regimes de incompatibilidades e impedimentos previstos noutras leis para o exercício de cargos ou actividades profissionais.

3 – Não perdem o mandato os funcionários da administração central, regional e local que, durante o exercício de permanência, forem colocados, por motivos de admissão ou promoção, nas situações de inelegibilidade

previstas na alínea h) do n.º 1 do artigo 6.º e nas alíneas a) e b) do n.º 1 do artigo 7.º da Lei Orgânica n.º 1/2001, de 14 de Agosto.

ARTIGO 4.º

Deveres

No exercício das suas funções, os eleitos locais estão vinculados ao cumprimento dos seguintes princípios:

a) Em matéria de legalidade e direitos dos cidadãos:

i) Observar escrupulosamente as normas legais e regulamentares aplicáveis aos actos por si praticados ou pelos órgãos a que pertencem;

ii) Cumprir e fazer cumprir as normas constitucionais e legais relativas à defesa dos interesses e direitos dos cidadãos no âmbito das suas competências;

iii) Actuar com justiça e imparcialidade;

b) Em matéria de prossecução do interesse público:

i) Salvaguardar e defender os interesses públicos do Estado e da respectiva autarquia;

ii) Respeitar o fim público dos poderes em que se encontram investidos;

iii) Não patrocinar interesses particulares, próprios ou de terceiros, de qualquer natureza, quer no exercício das suas funções, quer invocando a qualidade de membro de órgão autárquico;

iv) Não intervir em processo administrativo, acto ou contrato de direito público ou privado nem participar na apresentação, discussão ou votação de assuntos em que tenha interesse ou intervenção, por si ou como representante ou gestor de negócios de outra pessoa, ou em que tenha interesse ou intervenção em idênticas qualidades o seu cônjuge, parente ou afim em linha recta ou até ao 2.º grau da linha colateral, bem como qualquer pessoa com quem viva em economia comum;

v) Não celebrar com a autarquia qualquer contrato, salvo de adesão;

vi) Não usar, para fins de interesse próprio ou de terceiros, informações a que tenha acesso no exercício das suas funções;

c) Em matéria de funcionamento dos órgãos de que sejam titulares:

i) Participar nas reuniões ordinárias e extraordinárias dos órgãos autárquicos;

ii) Participar em todos os organismos onde estão em representação do município ou da freguesia.

ARTIGO 5.º
Direitos

1 – Os eleitos locais têm direito:
a) A uma remuneração ou compensação mensal e a despesas de representação;
b) A dois subsídios extraordinários anuais;
c) A senhas de presença;
d) A ajudas de custo e subsídio de transporte;
e) À segurança social;
f) A férias;
g) A livre circulação em lugares públicos de acesso condicionado, quando em exercício das respectivas funções;
h) A passaporte especial, quando em representação da autarquia;
i) A cartão especial de identificação;
j) A viatura municipal, quando em serviço da autarquia;
l) A protecção em caso de acidente;
m) A solicitar o auxílio de quaisquer autoridades, sempre que o exijam os interesses da respectiva autarquia local;
n) À protecção conferida pela lei penal aos titulares de cargos públicos;
o) A apoio nos processos judiciais que tenham como causa o exercício das respectivas funções;
p) A uso e porte de arma de defesa;
q) Ao exercício de todos os direitos previstos na legislação sobre protecção à maternidade e à paternidade;
r) A subsídio de refeição, a abonar nos termos e quantitativos fixados para a Administração Pública.
2 – Os direitos referidos nas alíneas a), b), e), f), p), q) e r) do número anterior apenas são concedidos aos eleitos em regime de permanência.
3 – O direito referido na alínea h) do n.º 1 é exclusivo dos presidentes das câmaras municipais e dos seus substitutos legais.

Artigo 6.º
Remunerações dos eleitos locais em regime de permanência

1 – Os eleitos locais em regime de permanência têm direito a remuneração mensal, bem como a dois subsídios extraordinários, de montante igual àquela, em Junho e Novembro.

2 – O valor base das remunerações dos presidentes das câmaras municipais é fixado por referência ao vencimento base atribuído ao Presidente da República, de acordo com os índices seguintes, arredondado para a unidade de euro imediatamente superior:

a) Municípios de Lisboa e Porto – 55%;

b) Municípios com 40000 ou mais eleitores – 50%;

c) Municípios com mais de 10 000 e menos de 40 000 eleitores – 45%;

d) Restantes municípios – 40%.

3 – As remunerações e subsídios extraordinários dos vereadores em regime de permanência correspondem a 80% do montante do valor base da remuneração a que tenham direito os presidentes dos respectivos órgãos.

4 – Os eleitos locais em regime de permanência nas câmaras municipais têm direito às despesas de representação correspondentes a 30% das respectivas remunerações no caso do presidente e 20% para os vereadores, as quais serão pagas 12 vezes por ano.

Artigo 7.º
Regime de remunerações dos eleitos locais
em regime de permanência

1 – As remunerações fixadas no artigo anterior são atribuídas do seguinte modo:

a) Aqueles que exerçam exclusivamente funções autárquicas, ou em acumulação com o desempenho não remunerado de funções privadas, recebem a totalidade das remunerações previstas no artigo anterior;

b) Aqueles que exerçam funções remuneradas de natureza privada percebem 50% do valor de base da remuneração, sem prejuízo da totalidade das regalias sociais a que tenham direito;

c) (*Revogada pelo art. 49 da L. 53-F/06, de 29/12*)

d) Aqueles que, nos termos da lei, exerçam outras actividades em entidades públicas ou em entidades do sector público empresarial não participadas pelo respectivo município apenas podem perceber as remunerações previstas no artigo anterior.

2 – Para os efeitos do número anterior, não se considera acumulação o desempenho de actividades de que resulte a percepção de rendimentos provenientes de direitos de autor.

3 – Para determinação do montante da remuneração, sempre que ocorra a opção legalmente prevista, são considerados os vencimentos, diuturnidades, subsídios, prémios, emolumentos, gratificações e outros abonos, desde que sejam permanentes, de quantitativo certo e atribuídos genericamente aos trabalhadores da categoria optante.

4 – Os presidentes de câmaras municipais e os vereadores em regime de permanência que não optem pelo exclusivo exercício das suas funções terão de assegurar a resolução dos assuntos da sua competência no decurso do período de expediente público.

ARTIGO 8.º
Remunerações dos eleitos locais em regime de meio tempo

Os eleitos locais em regime de meio tempo têm direito a metade das remunerações e subsídios fixados para os respectivos cargos em regime de tempo inteiro, sendo-lhes aplicável o limite constante da alínea c) do n.º 1 do artigo anterior.

ARTIGO 9.º
Abonos aos titulares das juntas de freguesia

(*Revogado.*)

ARTIGO 10.º
Senhas de presença

1 – Os eleitos locais que não se encontrem em regime de permanência ou de meio tempo têm direito a uma senha de presença por cada reunião ordinária ou extraordinária do respectivo órgão e das comissões a que compareçam e participem.

2 – O quantitativo de cada senha de presença a que se refere o número anterior é fixado em 3%, 2,5% e 2% do valor base da remuneração do presidente da câmara municipal, respectivamente, para o presidente, secretários, restantes membros da assembleia municipal e vereadores.

Artigo 11.º
Ajudas de custo

1 – Os membros das câmaras municipais e das assembleias municipais têm direito a ajudas de custo a abonar nos termos e no quantitativo fixado para a letra A da escala geral do funcionalismo público quando se desloquem, por motivo de serviço, para fora da área do município.

2 – Os vereadores em regime de não permanência e os membros da assembleia municipal têm direito a ajudas de custo quando se desloquem do seu domicílio para assistir às reuniões ordinárias e extraordinárias e das comissões dos respectivos órgãos.

Artigo 12.º
Subsídio de transporte

1 – Os membros das câmaras municipais e das assembleias municipais têm direito ao subsídio de transporte, nos termos e segundo a tabela em vigor para a função pública, quando se desloquem por motivo de serviço e não utilizem viaturas municipais.

2 – Os vereadores em regime de não permanência e os membros da assembleia municipal têm direito a subsídio de transporte quando se desloquem do seu domicílio para assistirem às reuniões ordinárias e extraordinárias e das comissões dos respectivos órgãos.

Artigo 13.º
Segurança social

Aos eleitos locais em regime de permanência é aplicável o regime geral de segurança social.

Artigo 13.°-A
Exercício do direito de opção

(*Revogado.*)

Artigo 14.°
Férias

Os eleitos locais em regime de permanência ou de meio tempo têm direito a 30 dias de férias anuais.

Artigo 15.°
Livre trânsito

Os eleitos locais têm direito à livre circulação em lugares públicos de acesso condicionado na área da sua autarquia, quando necessária ao efectivo exercício das respectivas funções autárquicas ou por causa delas, mediante a apresentação do cartão de identificação a que se refere o artigo seguinte.

Artigo 16.°
Cartão especial de identificação

1 – Os eleitos locais têm direito a cartão especial de identificação, de modelo a aprovar por diploma do Ministério do Plano e da Administração do Território no prazo de 60 dias a contar da publicação da presente lei.

2 – O cartão especial de identificação será emitido pelo presidente da assembleia municipal para os órgãos deliberativos e pelo presidente da câmara municipal para os órgãos executivos.

Artigo 17.°
Seguro de acidentes

1 – Os membros de órgãos autárquicos têm direito a um seguro de acidentes pessoais mediante deliberação do respectivo órgão, que fixará o seu valor.

2 – Para os membros dos órgãos executivos em regime de permanência, o valor do seguro não pode ser inferior a 50 vezes a respectiva remuneração mensal.

Artigo 18.°
Contagem de tempo de serviço

(*Revogado.*)

Artigo 18.°-A
Suspensão da reforma antecipada

(*Revogado.*)

Artigo 18.°-B
Termos da bonificação do tempo de serviço

(*Revogado.*)

Artigo 18.°-C
Aumento para efeitos de aposentação

(*Revogado.*)

Artigo 18.°-D
Bonificação de pensões

(*Revogado.*)

Artigo 19.°
Subsídio de reintegração

(*Revogado.*)

Artigo 20.°
Protecção penal

Os eleitos locais gozam da protecção conferida aos titulares dos cargos públicos pelo n.° 1 do artigo 1.° do Decreto-Lei n.° 65/84, de 24 de Fevereiro.

Artigo 21.º
Apoio em processos judiciais

Constituem encargos a suportar pelas autarquias respectivas as despesas provenientes de processos judiciais em que os eleitos locais sejam parte, desde que tais processos tenham tido como causa o exercício das respectivas funções e não se prove dolo ou negligência por parte dos eleitos.

Artigo 22.º
Garantia dos direitos adquiridos

1 – Os eleitos locais não podem ser prejudicados na respectiva colocação ou emprego permanente por virtude do desempenho dos seus mandatos.

2 – Os funcionários e agentes do Estado, de quaisquer pessoas colectivas de direito público e de empresas públicas ou nacionalizadas que exerçam as funções de presidente de câmara municipal ou de vereador em regime de permanência ou de meio tempo consideram-se em comissão extraordinária de serviço público.

3 – Durante o exercício do respectivo mandato não podem os eleitos locais ser prejudicados no que respeita a promoções, concursos, regalias, gratificações, benefícios sociais ou qualquer outro direito adquirido de carácter não pecuniário.

4 – O tempo de serviço prestado nas condições previstas na presente lei é contado como se tivesse sido prestado à entidade empregadora, salvo, no que respeita a remunerações, aquele que seja prestado por presidentes de câmara municipal e vereadores em regime de permanência ou de meio tempo.

Artigo 23.º
Regime fiscal

As remunerações, compensações e quaisquer subsídios percebidos pelos eleitos locais no exercício das suas funções estão sujeitos ao regime fiscal aplicável aos titulares dos cargos políticos.

Artigo 24.º
Encargos

1 – As remunerações, compensações, subsídios e demais encargos previstos na presente lei são suportados pelo orçamento da respectiva autarquia local.

2 – Os encargos derivados da participação dos presidentes das juntas de freguesia nas reuniões das assembleias municipais são suportados pelo orçamento dos municípios respectivos.

3 – A suspensão do exercício dos mandatos dos eleitos locais faz cessar o processamento das remunerações e compensações, salvo quando aquela se fundamente em doença devidamente comprovada ou em licença por maternidade ou paternidade.

Artigo 25.º
Comissões administrativas

As normas da presente lei aplicam-se aos membros das comissões administrativas nomeadas na sequência de dissolução de órgãos autárquicos.

Artigo 26.º
Revogação

1 – São revogadas as Leis n.ºs 9/81, de 26 de Junho, salvo o n.º 2 do artigo 3.º, e 7/87, de 28 de Janeiro.

2 – O n.º 2 do artigo 3.º da Lei n.º 9/81, de 26 de Junho, fica revogado com a realização das próximas eleições gerais autárquicas.

Artigo 27.º
Disposições finais

(*Revogado.*)

Artigo 28.º
Entrada em vigor

A presente lei entra em vigor no 1.º dia do mês seguinte ao da sua publicação.

Lei n.º 4/83
de 2 de Abril

(Alterada pelas Leis 38/83, de 25/10, 25/95, de 18/08 e 19/08, de 21/04)
(Regulamentada pelo D. Reg. n.º 1/00, de 09/03, transcrito a seguir)

Controle público da riqueza dos titulares de cargos políticos

A Assembleia da República decreta, nos termos da alínea d) do artigo 164.º da Constituição, o seguinte:

ARTIGO 1.º
(Redacção da L. 25/95)
Prazo e conteúdo

Os titulares de cargos políticos apresentam no Tribunal Constitucional, no prazo de 60 dias contado da data do início do exercício das respectivas funções, declaração dos seus rendimentos, bem como do seu património e cargos sociais, da qual conste:

a) A indicação total dos rendimentos brutos constantes da última declaração apresentada para efeitos da liquidação do imposto sobre o rendimento das pessoas singulares, ou que da mesma, quando dispensada, devessem constar;

b) A descrição dos elementos do seu activo patrimonial, existentes no País ou no estrangeiro, ordenados por grandes rubricas, designadamente do património imobiliário, de quotas, acções ou outras partes sociais do capital de sociedades civis ou comerciais, de direitos sobre barcos, aeronaves ou veículos automóveis, bem como de carteiras de títulos, contas bancárias a prazo, aplicações financeiras equivalentes e direitos de crédito de valor superior a 50 salários mínimos;

c) A descrição do seu passivo, designadamente em relação ao Estado, a instituições de crédito e a quaisquer empresas, públicas ou privadas, no País ou no estrangeiro;

d) A menção de cargos sociais que exerçam ou tenham exercido nos dois anos que precederam a declaração, no País ou no estrangeiro, em empresas, fundações ou associações de direito público e, sendo os mesmos remunerados, em fundações ou associações de direito privado.

Artigo 2.º
(Redacção da L. 25/95)
Actualização

1 – Nova declaração, actualizada, é apresentada no prazo de 60 dias a contar da cessação das funções que tiverem determinado a apresentação da precedente, bem como de recondução ou reeleição do titular.

2 – Em caso de substituição de Deputados, tanto o que substitui como o substituído só devem apresentar a declaração referida no n.º 1 no fim da legislatura, a menos que entretanto renunciem ao mandato.

3 – Os titulares de cargos políticos e equiparados com funções executivas devem renovar anualmente as respectivas declarações.

4 – Não havendo lugar a actualização da anterior declaração, quaisquer declarações subsequentes poderão ser substituídas pela simples menção desse facto.

5 – A declaração final deve reflectir a evolução patrimonial durante o mandato a que respeita.

Artigo 3.º
(Redacção da L. 25/95)
Incumprimento

1 – Em caso de não apresentação das declarações previstas nos artigos 1.º e 2.º, a entidade competente para o seu depósito notificará o titular do cargo a que se aplica a presente lei para a apresentar no prazo de 30 dias consecutivos, sob pena de, em caso de incumprimento culposo, salvo quanto ao Presidente da República, ao Presidente da Assembleia da República e ao Primeiro-Ministro, incorrer em declaração de perda do mandato,

Da Perda de Mandato Autárquico
137

demissão ou destituição judicial, consoante os casos, ou, quando se trate da situação prevista na primeira parte do n.° 1 do artigo 2.°, incorrer em inibição por período de um a cinco anos para o exercício de cargo que obrigue à referida declaração e que não corresponda ao exercício de funções como magistrado de carreira.

2 – Quem fizer declaração falsa incorre nas sanções previstas no número anterior e é punido pelo crime de falsas declarações, nos termos da lei.

3 – As secretarias administrativas das entidades em que se integrem os titulares de cargos a que se aplica a presente lei comunicarão ao Tribunal Constitucional a data do início e da cessação de funções.

ARTIGO 4.°
(Redacção da L. 25/95)
Elenco

1 – São cargos políticos para os efeitos da presente lei:

a) Presidente da República;

b) Presidente da Assembleia da República;

c) Primeiro-Ministro;

d) Deputados à Assembleia da República;

e) Membros do Governo;

f) Ministro da República para as Regiões Autónomas;

g) Membros do Tribunal Constitucional;

h) Membros dos órgãos de governo próprio das Regiões Autónomas;

i) Governador e Secretários Adjuntos de Macau;

j) Deputados ao Parlamento Europeu;

l) Os membros dos órgãos constitucionais e os membros das entidades públicas independentes previstas na Constituição e na lei;

m) Governador e vice-governador civil;

n) Presidente e vereador da câmara municipal.

2 – Para efeitos da presente lei são equiparados a titulares de cargos políticos:

a) Membros dos órgãos permanentes de direcção nacional e das Regiões Autónomas dos partidos políticos, com funções executivas;

b) Candidatos a Presidente da República.

138   *Ernesto Vaz Pereira*

3 – São ainda equiparados a titulares de cargos políticos, para efeitos da presente lei:

a) Gestores públicos;

b) Administrador designado por entidade pública em pessoa colectiva de direito público ou em sociedade de capitais públicos ou de economia mista;

c) Director-geral, subdirector-geral e equiparados.

ARTIGO 5.º
(Redacção da l. 25/95)
Consulta

1 – Qualquer cidadão pode consultar as declarações e decisões previstas na presente lei.

2 – O Tribunal Constitucional define, nos termos do respectivo Regimento, a forma como é organizada a consulta às declarações e decisões previstas na presente lei.

ARTIGO 5.º-A
(Aditado pela L. 19/08)
Fiscalização

O Ministério Público junto do Tribunal Constitucional procede anualmente à análise das declarações apresentadas após o termo dos mandatos ou a cessação de funções dos respectivos titulares.

ARTIGO 6.º
(Redacção da L. 25/98)
Divulgação

1 – A divulgação do conteúdo das declarações previstas na presente lei é livre.

2 – Com fundamento em motivo relevante, designadamente interesses de terceiros, o titular do cargo pode opor-se à divulgação parcelar ou integral a que se refere o número anterior, competindo ao Tribunal Cons-

Da Perda de Mandato Autárquico 139

titucional apreciar a existência ou não do aludido motivo, bem como da possibilidade e dos termos da referida divulgação.

3 – Cabe ao declarante, no acto de apresentação da sua declaração inicial ou posteriormente, a iniciativa de invocar objecção nos termos e para os efeitos do número anterior.

4 – A violação da reserva da vida privada eventualmente resultante da violação dos números anteriores será punida nos termos legais, designadamente segundo o disposto nos artigos 192.° e 193.° do Código Penal.

Artigo 6.°-A
(Aditado pela L. 25/95)
Omissão ou inexactidão

Sem prejuízo das competências cometidas por lei a outras entidades, quando, por qualquer modo, seja comunicada ou denunciada ao Tribunal Constitucional a ocorrência de alguma omissão ou inexactidão nas declarações previstas nos artigos 1.° e 2.°, o respectivo Presidente levará tal comunicação ou denúncia ao conhecimento do representante do Ministério Público junto do mesmo Tribunal, para os efeitos tidos por convenientes.

respondentes funções, ou em caso de urgência, no prazo máximo de 30 dias contados do dia desse mesmo início, uma declaração do seu património e dos seus rendimentos, da qual conste:

a) A descrição dos elementos do seu activo patrimonial, ordenados por grandes rubricas, designadamente do património imobiliário, de quotas, acções ou outras partes sociais do capital de sociedades civis ou comerciais, de direitos sobre barcos, aeronaves ou veículos automóveis, de carteiras de títulos, de contas bancárias a prazo e de direitos de crédito de valor superior a 100 salários mínimos, no País ou no estrangeiro;

b) A descrição do respectivo passivo, designadamente em relação ao Estado, a instituições de crédito e a quaisquer empresas, públicas ou privadas, no País ou no estrangeiro;

c) A menção de cargos sociais que exerçam ou tenham exercido nos 2 anos que precederam a declaração em empresas públicas ou privadas, no País ou no estrangeiro;

d) A indicação do rendimento colectável bruto, para efeitos de imposto complementar, bem como dos demais rendimentos, isentos ou não sujeitos ao mesmo imposto, sem inclusão dos rendimentos do cônjuge.

Artigo 7.º

1 – O Governo, no prazo de 90 dias a contar da entrada em vigor da presente lei, aprovará as disposições necessárias à execução do disposto na presente lei.

2 – As assembleias regionais aprovarão, dentro de igual prazo, as disposições necessárias ao mesmo fim, na esfera da sua competência própria.

Artigo 8.º
(O n.º 2 tem a redacção resultante da alteração da L. 38/83)

1 – A presente lei entra em vigor no 90.º dia posterior ao da sua publicação.

2 – Os titulares de cargos políticos à data da sua entrada em vigor apresentarão a respectiva declaração de património e rendimentos dentro do prazo de 60 dias, com início na data da entrada em vigor dos diplomas regulamentares necessários à sua execução, previstos nos n.ºs 1 e 2 do art. 7.º.

Decreto Regulamentar n.º 1/2000
de 9 de Março

O presente diploma visa proceder à execução da Lei n.º 4/83, de 2 de Abril, alterada pela Lei n.º 25/95, de 18 de Agosto, introduzindo as normas relativas às descrição e identificação dos elementos a levar às declarações de rendimentos, património e cargos sociais dos titulares de cargos políticos e equiparados, a serem apresentadas ao Tribunal Constitucional nos termos daquela lei.

Verifica-se a necessidade de proceder à revisão do Decreto Regulamentar n.º 74/83, de 6 de Outubro, de modo a adequar a regulamentação desta matéria ao disposto na Lei n.º 25/95, de 18 de Agosto. Entende-se, além disso, ser necessário proceder à revisão de determinadas soluções constantes daquele decreto regulamentar, tendo-se como objectivos principais a adequação das soluções previstas à evolução jurídica e social, a simplificação do procedimento e da forma de apresentação das declarações, a introdução de maior rigor no que diz respeito à descrição e identificação dos elementos a levar às declarações.

Assim:

Nos termos da alínea c) do artigo 199.º da Constituição, o Governo decreta o seguinte:

Artigo 1.º

1 – A descrição e identificação dos elementos a levar às declarações de rendimentos, património e cargos sociais dos titulares de cargos políticos e equiparados a que se referem o corpo do artigo 1.º da Lei n.º 4/83, de 2 de Abril, e os n.ºs 1 e 3 do artigo 2.º da mesma lei, ambos na redacção da Lei n.º 25/95, de 18 de Agosto, observará o disposto no presente diploma.

2 – Se o declarante assim o preferir, as declarações referidas no número anterior podem ser efectuadas em impresso de modelo anexo ao presente diploma.

142   *Ernesto Vaz Pereira*

3 – O impresso referido no número anterior é modelo exclusivo da Imprensa Nacional-Casa da Moeda.

Artigo 2.º

Nas declarações a que se refere o n.º 1 do artigo anterior são discriminados, em capítulos autónomos, os seguintes elementos, de modo a permitir uma avaliação rigorosa do património e rendimentos líquidos dos declarantes:

a) Rendimentos brutos, para efeitos da liquidação do imposto sobre o rendimento das pessoas singulares (capítulo I);
b) Activo patrimonial (capítulo II);
c) Passivo (capítulo III);
d) Cargos sociais exercidos (capítulo IV).

Artigo 3.º

O capítulo I das declarações contém a indicação dos rendimentos brutos, excluídos os do cônjuge ou de dependentes, constantes da última declaração apresentada para efeito de liquidação do imposto sobre o rendimento das pessoas singulares, ou que da mesma, quando dispensada, devessem constar, discriminados segundo as seguintes categorias:

a) Rendimentos do trabalho dependente;
b) Rendimentos do trabalho independente;
c) Rendimentos comerciais e industriais;
d) Rendimentos agrícolas;
e) Rendimentos de capitais;
f) Rendimentos prediais;
g) Mais-valias;
h) Pensões;
i) Outros rendimentos.

Artigo 4.º

1 – No capítulo II das declarações são mencionados os elementos respeitantes às seguintes rubricas:

Da Perda de Mandato Autárquico 143

a) Património imobiliário;

b) Quotas, acções ou outras partes sociais do capital de sociedades civis ou comerciais;

c) Direitos sobre barcos, aeronaves ou veículos automóveis;

d) Carteiras de títulos, contas bancárias a prazo e aplicações financeiras equivalentes;

e) Direitos de crédito de valor superior a 50 salários mínimos;

f) Outros elementos do activo patrimonial.

2 – Em cada rubrica são descritos, separadamente, os elementos situados no estrangeiro.

Artigo 5.º

1 – Consideram-se bens do património imobiliário os prédios, rústicos ou urbanos, aí se englobando as plantações, edifícios ou construções de qualquer natureza neles incorporados ou assentes com carácter de permanência, ainda que isentos de contribuição autárquica.

2 – Os referidos bens são, para efeito de declaração, identificados pela respectiva situação, indicação da sua natureza rústica ou urbana, sumária descrição, bem como pela respectiva inscrição matricial.

Artigo 6.º

1 – Os elementos patrimoniais mencionados na alínea b) do n.º 1 do artigo 4.º são descritos pela indicação da respectiva natureza, quantidade e valor nominal e pela identificação da sociedade civil ou comercial a que se reportam, através da menção da respectiva firma ou denominação social, sede e data de constituição.

2 – Tratando-se de sociedade irregular, é feita menção desta circunstância.

Artigo 7.º

1 – Consideram-se integrados na rubrica mencionada na alínea c) do n.º 1 do artigo 4.º os direitos reais sujeitos a registo relativamente a:

a) Barcos, quer se destinem a recreio ou a qualquer actividade de natureza comercial ou industrial;

144   *Ernesto Vaz Pereira*

b) Aeronaves, de uso particular, qualquer que seja a finalidade da sua utilização, ainda que de recreio;

c) Automóveis, tanto ligeiros como pesados, de carga ou mistos, ou motociclos de passageiros.

2 – A identificação dos mencionados bens é feita pela menção da respectiva matrícula, marca, classe, tipo e modelo.

Artigo 8.º

1 – Consideram-se como integrantes da rubrica mencionada na alínea d) do n.º 1 do artigo 4.º as acções, quando representem uma mera aplicação de capital, as obrigações, os títulos ou certificados da dívida pública ou quaisquer outros papéis ou títulos de crédito, com excepção de letras e livranças, independentemente de terem ou não cotação na bolsa e da natureza da entidade que tiver procedido à respectiva emissão.

2 – Consideram-se igualmente como integrantes da mesma rubrica os valores depositados em contas a prazo em qualquer estabelecimento bancário ou similar.

3 – Consideram-se como aplicações financeiras equivalentes para o efeito da alínea d) do n.º 1 do artigo 4.º, entre outras, as participações em fundos de investimento mobiliários e imobiliários, os planos de poupança--reforma e os seguros de capitalização.

Artigo 9.º

Consideram-se como integrantes da rubrica mencionada na alínea e) do n.º 1 do artigo 4.º os direitos de crédito de valor superior ao produto do factor 50, aplicado ao montante do salário mínimo mensal nacional.

Artigo 10.º

1 – Os bens referidos no n.º 1 do artigo 8.º são descritos pela identificação dos títulos através da menção da sua espécie e tipo, entidade emitente, quantidade, valor nominal e, sendo o caso, juro estipulado, e ainda da indicação da instituição financeira onde se achem depositados e do número da correspondente carteira.

2 – Os valores a que se refere o n.º 2 do artigo 8.º são descritos pela indicação do seu montante, bem como da entidade depositária, número da conta, data e prazo do depósito.

3 – As aplicações a que se refere o n.º 3 do artigo 8.º são descritas pela indicação da sua natureza, designação, montante e data, bem como da entidade onde hajam sido realizadas, e ainda de quaisquer outros elementos que se revelem adequados à sua identificação.

4 – Os créditos a que alude o artigo 9.º são identificados através da indicação do seu montante, sendo líquido, entidade devedora e data do vencimento.

ARTIGO 11.º

Na rubrica «Outros elementos do activo patrimonial» são descritos estabelecimentos comerciais ou industriais, incluindo os de indústria agrícola, de que o declarante seja proprietário na qualidade de empresário em nome individual.

ARTIGO 12.º

No capítulo III das declarações referidas no artigo 1.º são discriminados os débitos que oneram o património do declarante, mencionando-se:
a) A identificação do credor;
b) O montante do débito;
c) A data do vencimento.

ARTIGO 13.º

1 – No capítulo IV das declarações são discriminados os cargos sociais, nomeadamente de membro do conselho de administração, da direcção, da comissão administrativa, do conselho geral, do conselho fiscal ou da mesa da assembleia geral, ou ainda de administrador, gestor ou gerente, exercidos pelo declarante, nos dois anos que precederam a declaração, no País ou no estrangeiro, em quaisquer sociedades, empresas públicas e fundações ou associações de direito público e, bem assim, quando esse exercício seja remunerado, em fundações ou associações de direito privado.

2 – Relativamente a cada um dos cargos declarados é feita menção das datas de início de funções e do respectivo termo, se já tiver ocorrido.

Artigo 14.º

1 – As declarações a que se refere o n.º 1 do artigo 1.º são apresentadas em duplicado na Secretaria do Tribunal Constitucional, podendo ser entregues pessoalmente pelo obrigado à sua apresentação, ou por pessoa que o represente, ou ainda enviadas pelo correio, sob registo.

2 – Em caso de dúvida, a Secretaria do Tribunal Constitucional pode solicitar a comprovação da autoria da declaração ou a identificação do apresentante, o que pode ser feito por qualquer meio adequado e legalmente admitido para o efeito, designadamente pela apresentação e conferência do correspondente documento de identificação.

3 – A Secretaria do Tribunal Constitucional devolve ao declarante o duplicado da declaração, apondo no mesmo nota de recibo.

Artigo 15.º

É revogado o Decreto Regulamentar n.º 74/83, de 6 de Outubro.
(depois o diploma tem os anexos próprios para apresentação das declarações)

ÍNDICE GERAL

Abreviaturas. 9

Lei n.º 27/96 de 1 de Agosto
Regime jurídico da tutela administrativa 11

Decreto-Lei n.º 276/07 de 31 de Julho
**Regime jurídico da actividade de inspecção da administração directa
e indirecta do estado** 71

Decreto-Lei n.º 326-A/2007 de 28 de Setembro
Orgânica da IGAL. 85

Lei n.º 24/98 de 26 de Maio
Estatuto do direito de oposição. 93

Lei n.º 34/87 de 16 de Julho
Crimes de responsabilidade dos titulares de cargos políticos 99

Lei n.º 46/2005 de 29 de Agosto
**Estabelece limites à renovação sucessiva de mandatos dos presidentes
dos órgãos executivos das autarquias locais** 117

Lei n.º 47/2005 de 29 de Agosto
Estabelece o regime de gestão limitada dos órgãos das autarquias locais. . . 119

Lei n.º 52-A/2005 de 10 de Outubro
Republica o estatuto dos eleitos locais 123

Lei n.º 4/83 de 2 de Abril
Controle público da riqueza dos titulares de cargos políticos 135

Decreto Regulamentar n.º 1/2000 de 9 de Março 141